Veröffentlichungen der Gesellschaft für Freie Publizistik

XIX
KONGRESS-PROTOKOLL 2003
Freiheit bewahren –
Das Volk erhalten

D1734716

Veröffentlichungen der Gesellschaft für Freie Publizistik

XIX
KONGRESS-PROTOKOLL 2003

Freiheit bewahren- das Volk erhalten

GESELLSCHAFT FÜR FREIE PUBLIZISTIK e.V.

ISBN 3-9805411-7-7

2003

Inhaltsverzeichnis

Einleitung

Dr. Rolf Kosiek

Als wir im Vorstand vor einem halben Jahr das Leitwort unseres diesjährigen Kongresses festzulegen hatten, entschieden wir uns für »Freiheit bewahren – Das Volk erhalten«. Wir wollten damit die beiden gegenwärtigen Hauptgefahren für Staat und Volk hervorheben. Wir haben diese Themen schon seit Jahrzehnten auf unseren früheren Kongressen immer wieder angesprochen, doch zwischenzeitlich haben die neuen Entwicklungen weitere Verschärfungen gebracht.

Die Freiheit der Presse und die der Meinungsäußerung werden erneut eingeschränkt: Neue Gesetze zur Beschränkung der persönlichen Grundrechte sind erlassen oder in Vorbereitung. Wieder sind skandalöse Verurteilungen von Verlegern sowie von Vertreibern von Büchern und CDs erfolgt. Weitere Bücher und Schriften wurden indiziert oder beschlagnahmt und verboten. Der Fall Möllemann zeigte kürzlich deutlich die Grenzen dessen auf, was man heute in Deutschland sagen darf, selbst wenn man ein jahrzehntelang bewährtes Mitglied des Establishments ist. Es offenbarte sich dabei wieder, wer hier das Sagen hat. Unser Rechtsstaat mit den grundgesetzlich garantierten Grundrechten wird unter nicht überzeugenden Vorwänden immer weiter ausgehöhlt. Schon wird das ganze System, so nennt es der Staatsrechtler von Arnim, angeklagt. Es ist also nach wie vor geboten, auf diese Mißstände hinzuweisen und auf Abhilfe zu dringen, zumal sie gerade in den Hauptaufgabenbereich unserer Gesellschaft fallen.

Der Druck zur Beschränkung der persönlichen Freiheit rührt zum nicht geringen Teil auch von amtlichen oder anderen einflußreichen Kreisen außerhalb unseres Landes her. Daher ist die grundgesetzlich garantierte Meinungsfreiheit auch wesentlich von der Freiheit unseres Staates abhängig. Daß dessen Souveränität in den letzten Jahren erheblich abnahm, ist ein offenes Geheimnis. Nicht nur nach Brüssel und an die Bürokratie der Europäischen Union gingen wesentliche Souveränitätsanteile. Auch Beurteilungen wie ›Kolonien‹ oder ›Vasallenstaaten‹ der USA für die füh-

7

renden europäischen Länder waren nicht selten. Deutschland muß heute die Verantwortungslosigkeit der europäischen Alliierten mit ausbaden, die in den großen Kriegen des vorigen Jahrhunderts raumfremden Mächten zur Herrschaft über Europa verhalfen. Neue Entwicklungen der Globalisierung kamen hinzu, die die Freiheit der Völker bedrohen.

Unser diesjähriger Kongreß findet in einer aufwühlenden Zeit statt. Monatelang wurde ein Angriffskrieg geplant und vorbereitet, den die Völker nicht wollen. Die Verantwortlichen an den Schalthebeln der Macht setzten sich über das Völkerrecht hinweg, verletzten die UNO-Satzung und begannen kürzlich einen neuen Krieg, in dem Zivilisten zu Opfern werden und Kriegsverbrechen nicht ausbleiben. Der Geschichtskundige wird an die Zeit vor dem Zweiten Weltkrieg erinnert, in den die Völker Europas auch gegen ihren Willen von mächtigen Kräften gezwungen wurden. Wie das kürzlich versuchte Aufmucken einiger europäischer Völker gegen die Wünsche der USA ausgeht, ist noch offen. Es hat jedoch zur Klärung von Haltungen geführt und frühere Denkverbote im Politischen gelockert. Insofern haben auch diese Entwicklungen ihr Gutes, als sie bisherige Denkhindernisse wegräumen, Denkblockaden in der Öffentlichkeit beseitigen und die allgemeine Diskussion von Themen ermöglichen, die vorher so nicht möglich war. Stabilitätspakt und Osterweiterung, Euro und europäische Einigung sind wieder in Frage gestellt.

Noch gefährlicher bedroht der nun schon seit mehr als drei Jahrzehnten währende Geburtenmangel die Zukunft unseres Volkes. Die neuen statistischen Zahlen für das vergangene Jahr sind erschreckend: Rund ein Drittel der gebärfähigen Frauen in Deutschland bekommt keine Kinder, sie wollen meist keine Kinder, und die übrigen haben zu wenige, um den Bestand des deutschen Volkes für die nächste Generation zu erhalten. Bei den Akademikerinnen bleiben sogar mehr als 40 Prozent der Frauen ohne Kinder. Die Deutschen drohen wegen dieser Kinderfeindlichkeit auszusterben. Dennoch findet eine amtliche volkserhaltende Bevölkerungs- und kinderfreundliche Familienpolitik immer noch nicht statt. Sie allein könnte den drohenden Volkstod verhindern. Statt dessen wurden und werden Millionen Ausländer ins Land gelassen, großzügig finanziell unterstützt und zur Einbürgerung eingeladen oder sogar angehalten. Damit will man erreichen, daß die Aufweichung und Auflösung des deutschen Volkes nicht richtig wahrgenommen wird, daß die dann unvermeidliche Vermischung unumkehrbar wird.

Nicht genug damit, daß keine volkserhaltenden Maßnahmen eingeleitet werden: Es werden sogar Vereinigungen, die sich ausschließlich für die Erhaltung unseres Volkes einsetzen, wie der verdienstvolle Schutzbund für das Deutsche Volk (SDV), in die Nähe der Verfassungsfeindlichkeit gerückt, vom Verfassungsschutz ›observiert‹ und diffamiert: eine völlige Verkehrung der normalen Verhältnisse. Wir freuen uns, daß die Vorsitzende des SDV, Frau Heilwig Holland, in diesem Jahr zu uns gekommen ist, um über dieses Thema zu sprechen. Ich möchte sie hier schon, stellvertretend für alle bereits anwesenden Vortragenden, herzlich begrüßen.

Die Schwächung der biologischen Kraft unseres Volkes hat natürlich geistige Gründe. Vor allem ist hier die Umerziehung der Deutschen seit nunmehr zwei Generationen zu nennen, die aus einem selbstbewußten jungen Volk mit Geburtenüberschuß eine vergreisende und allmählich sterbende Gesellschaft machte, in der man vorwiegend an Karriere und größtmöglichen Lustgewinn interessiert ist, kaum noch an die nächste Generation denkt und die Pflicht zur Weitergabe des Lebens und der Tradition als altmodisch belächelt. Zu den zahlreichen bereits vorhandenen Vergangenheitsbewältigungsdenkmalen sollen nun auch solche für die sogenannten Zwangsarbeiter kommen, während Erinnerungsmale für die Vertreibung oder für die Millionen Bombenopfer und Kriegsgefangenen fehlen. Jetzt soll sogar der Friedhof für die von den Alliierten nach 1945 im Zuchthaus Landsberg Ermordeten verschwinden und damit die Erinnerung an diese deutschen Opfer verdrängt werden. In keinem anderen Lande wäre so etwas möglich. Dagegen wurde in Frankreich, das übrigens fast kein Geburtendefizit aufweist, vor wenigen Wochen durch Gesetz die Strafe für Schmähung der Staatsfahne und der Nationalhymne erheblich verschärft.

Ein Anzeichen für den Verfall unserer Kultur ist auch die Behandlung unserer Sprache – wohl die ausdrucksreichste der Welt und eine der wenigen großen ursprünglichen Sprachen, die bis-

9

her keine großen Brüche erlebte. Während andere Staaten, selbst kleine Balkanländer, aus gegebenem Anlaß in letzter Zeit Schutzgesetze für ihre Sprache erlassen haben und sie vor der drohenden Anglisierung zu bewahren trachten, herrscht in Deutschland geradezu eine Manie der sprachlichen Überfremdung. In Werbung und Technik beherrschen – von den Massenmedien noch gefördert – durchaus vermeidbare Fremdwörter das Feld. Und die Kultusminister der deutschen Länder – angeblich Hüter der Kultur – scheuten sich nach der überaus erfolgreichen Zerstörung des früher vorbildlichen deutschen Bildungswesens – siehe Pisa-Studie – nicht, mit der sogenannten Rechtschreibreform einen besonders üblen Anschlag auf die deutsche Sprache auszuüben. Damit sind wir bereits beim Thema unseres ersten Vortrages »Sprache und Nation«.

Sprache und Nation

Thomas Paulwitz

Sprache und Nation hängen untrennbar miteinander zusammen. Die eine wirkt auf die andere. Bereits der Rundumgelehrte Gottfried Wilhelm Leibniz hat den engen Zusammenhang zwischen Sprache und Nation erkannt. Das tritt deutlich zutage in seiner Schrift *Ermahnung an die Deutschen, ihren Verstand und ihre Sprache besser zu üben.* Diese Denkschrift erschien in den achtziger Jahren des 17. Jahrhunderts. Sie beginnt mit einem Lob Deutschlands. Leibniz hebt zunächst stolz die Vorzüge des Landes und seiner Nation hervor und führt auf diese Weise auf sein Hauptanliegen hin, die wichtige Bedeutung der gemeinsamen Sprache bewußtzumachen. Er lobt das ausgeglichene Klima, den Reichtum an Bodenschätzen, die Fruchtbarkeit des Landes, aber auch die Wissenschaften, das Handwerk, die Städte. Leibniz schreibt:»Das Band der Sprache, der Sitten, auch sogar des gemeinen Namens vereinigt die Menschen auf eine so kräftige, wiewohl unsichtbare Weise [...] Gott hat den Deutschen Stärke und Mut gegeben, und es regt sich ein edles Blut in ihren Adern; ihre Aufrichtigkeit ist ungefärbt, und ihr Herz und Mund stimmen zusammen.«

Diejenigen hingegen, die Deutschlands Vorzüge nicht zu schätzen wissen und statt dessen immer nur das Schlechte hervorkehren, vergleicht Leibniz mit Brunnenvergiftern. Eingedenk des Dreißigjährigen Krieges, der Deutschland tiefe Wunden gerissen hatte, betonte er, daß es im Frieden an der Zeit sei, Vorschläge zu machen, »wie die Einigkeit der Gemüter befördert, die gemeine Ruhe versichert, die Kriegswunden geheilt« werden könnten. Es gehe nicht nur um den wirtschaftlichen Wiederaufbau, sondern auch darum, die Zahl gebildeter Menschen zu erhöhen. Deswegen müsse eine sogenannte »Deutschgesinnte Gesellschaft« begründet werden, die den nationalen Ruhm und die deutsche Sprache als Wissenschaftssprache fördere, um keinen Deutschen von der Wissenschaft auszuschließen. »Kernschriften« müßten in deutscher Sprache abgefaßt werden, »damit der Lauf der Barbarei gehemmt« werde, lautete Leibniz' Forderung.

11

Bei anderen Nationen befördere deren »wohl ausgeübte« Muttersprache »wie ein rein poliertes Glas gleichsam die Scharfsichtigkeit des Gemüts«. Das Deutsche sei jedoch noch nicht so geschliffen. Leibniz: »Daher bleibt nicht allein unsere Nation gleichsam wie mit einer düsteren Wolke überzogen, sondern auch die, so etwa einen ungemeinen durchdringenden Geist haben und das, was sie suchen, nicht zu Haus, sondern auf ihren Reisen und in ihren Büchern bei Welschen und Franzosen finden, gleichsam einen Ekel vor den deutschen Schriften bekommen und nur das Fremde lieben und hochschätzen, [...] auch kaum glauben wollen, daß unsre Sprache und unser Volk eines Besseren fähig seien. So sind wir also in den Dingen, die den Verstand betreffen, bereits in die Sklaverei gegangen und werden durch unsere Blindheit gezwungen, unsre Art zu leben, zu reden, zu schreiben, ja sogar zu denken, nach fremden Willen einzurichten.«

Der Zustand der Nation schlägt sich nach Leibniz also in der Sprache nieder. Sie sehen wohl, daß wir Vergleiche ziehen können zwischen der damaligen Zeit und heute. Zu Leibniz' Zeiten waren es vor allem französische Einsprengsel, die das Deutsche zu einem Kauderwelsch verkommen ließen, während das Lateinische die Wissenschaft beherrschte. In unserer Zeit deutet der allgegenwärtige engleutsche Sprachmisch und das Vordringen des Englischen als Wissenschaftssprache darauf, wie es um die deutsche Nation bestellt ist. In der Geschichte finde sich, so Leibniz, daß die Nation und die Sprache im allgemeinen zugleich erblühen. Das geschehe nicht aus Zufall, denn die Sprache sei ein »Spiegel des Verstandes«.

Die »Wiederbringung der deutschen Beredsamkeit«, die Leibniz forderte, betraf seiner Ansicht nach aber nicht nur die »Ausmusterung ausländischer Wörter«: denn das »unnötige Einflicken ausländischer Redensarten«, »die gleichsam ganz zerfallenden Sätze«, ungeschickte Zusammenfügungen und so weiter, das alles verderbe die deutsche Sprache. Leibniz erklärt: »Besser ist: ein Original von einem Deutschen als eine Kopie von einem Franzosen zu sein.«

Leibniz verfaßte seine Schrift im 17. Jahrhundert, in einer Zeit, in der sowohl die deutsche Sprache als auch die deutsche Nation noch nicht zur Reife späterer Zeiten gelangt waren. Heute stehen wir vor der Herausforderung, den hohen Stand unserer mit der Zeit geschmeidig gewordenen Sprache, der auch dank solcher Vorbilder wie Leibniz in dreihundert Jahren Sprachentwicklung erreicht worden ist, vor dem drohenden Fall zu bewahren. Wir müssen uns deswegen darauf besinnen, was eine Voraussetzung für den Aufschwung der deutschen Sprache seit dem 18. Jahrhundert war, nämlich die schrittweise politische Einigung der deutschen Nation.

Volk, Nation, Staat, Nationalstaat

Ich möchte noch ganz kurz ein paar grundlegende Gedanken über Volk, Staat und Nation voranschicken, bevor ich weiter auf das Verhältnis von Sprache und Nation eingehe. Bei dem Begriff ›Volk‹ müssen wir zwischen ›Volkstum‹ und ›Staatsvolk‹ unterscheiden. Das wissen wir Deutsche am besten, ist doch unser deutsches Volkstum seit seinem Entstehen in verschiedenen Staatsvölkern anzutreffen; heute zum Beispiel nicht nur in der Bundesrepublik Deutschland, in der Republik Österreich oder in der Schweiz, sondern auch in Frankreich, Dänemark, Rumänien und so weiter, aber auch in Rußland, den Vereinigten Staaten von Amerika, Brasilien, Südwestafrika oder Australien. In der ganzen Welt hat das deutsche Volkstum seine Spuren hinterlassen. Die einzige Brücke zur Heimat ist oftmals nur noch die deutsche Sprache, die mehr oder weniger gegen den kulturellen Druck des überwiegend anderssprachigen Staatsvolkes zu kämpfen hat. Noch einmal: Das ›Volkstum‹ ist natürlich und blutsbestimmt, das ›Staatsvolk‹ ist künstlich und durch einen politisch gesetzten Rahmen bestimmt.

Der Begriff ›Nation‹ ist im 14. Jahrhundert aus *natio*, der lateinischen Bezeichnung für ›Volk, Volksstamm‹, hervorgegangen. *Natio* hieß bei den Römern auch die Göttin der Geburt. Heute umfaßt die ›Nation‹ mehr als nur ein Volk, mehr als die bloße gemeinsame Herkunft. Die Nation ist gemeinsame Geschichte, Kultur – dazu gehört ja auch die Sprache – und gemeinsamer politischer Rahmen. Eine Nation ist die Schicksals- und Lebensgemeinschaft eines Volkes, das sich durch einen gemeinsamen politischen Willen und / oder durch gemeinsame Abstammung zusammengefunden hat.

Der Staatsrechtler Carl Schmitt bezeichnete in seiner *Verfassungslehre* den Staat als einen bestimmten Status, also Zustand, eines Volkes. »Staat ist ein Zustand«, und zwar der Zustand politischer Einheit. – Staat und Nation sind nicht deckungsgleich. In vielen Fällen muß ein Staat erst eine Nation schaffen. So stehen viele afrikanische Staaten, seit sie durch die Kolonialherren in die Unabhängigkeit entlassen worden sind, vor der Schwierigkeit, verschiedene Völkerschaften in ihr Staatswesen einzugliedern. Staaten, die noch keine Nation geschaffen haben, sehen sich fortwährend inneren Spannungen ausgesetzt. Die Briten zum Beispiel haben als Kolonialherren bewußt diese Spannungen erzeugt, indem sie willkürliche Grenzen zogen, die nicht mit den völkischen und kulturellen Gegebenheiten übereinstimmten. Das Ziel war, die formal unabhängig gewordenen Staaten weiter abhängig zu halten, indem sie durch fortwährende innere Auseinandersetzungen nicht erstarken konnten. Erstarken diese Staaten trotzdem, werden sie mit Sanktionen oder Waffengewalt wieder abhängig gemacht. Der Irak ist ein schönes Beispiel dafür.

In einem idealen Nationalstaat europäischer Prägung fügen sich in glücklicher Weise gemeinsame Abstammung und gemeinsamer politischer Wille zusammen. In einem Nationalstaat lebt ein vom Volkstum stark geprägtes Staatsvolk. Der Nationalstaat ist die modernste und erfolgreichste Staatsform, die Europa hervorgebracht hat. Unnötig ist zu betonen, daß es sich beim Nationalstaat nur um ein Ideal handelt – das gleichwohl anzustreben ist –, nicht jedoch um eine wirklichkeitsgetreue Abbildung eines Zustandes. Im Nationalstaat ordnet sich ein tatsächliches, *vielschichtiges Volkstum*, das von unterschiedlichen Überlieferungen und Bräuchen geprägt ist, einem *abstrakten Staatsvolk* unter. Das Volk wird zur Nation. Bei diesem Prozeß des Unterordnens hilft eine einheitliche Sprache als vereinigendes Band. Das führt zur Vereinheitlichung, zur Bündelung des Volkswillens.

Sprache und Nation

Wilhelm von Humboldt schrieb, »daß der Bau der Sprachen im Menschengeschlechte darum und insofern verschieden ist, weil und als es die Geisteseigenthümlichkeit der Nationen selbst ist«.

Die Sprachen spiegeln also die »Geisteseigentümlichkeit« der Nationen wider. Uns stellt sich aber die Frage: *Wie* hängen Sprache und Nation miteinander zusammen? Ist die einheitliche Sprache die Voraussetzung für die Bildung einer Nation, oder verhält es sich umgekehrt? Oder verläuft die Entwicklung beider im Gleichklang? Das heißt, besteht eine Wechselwirkung, und beide Entwicklungen, nationale und sprachliche Einigung, verstärken sich gegenseitig? Humboldt meinte dazu: „In der Sprache sind also, da dieselben immer eine nationelle Form haben, die Nationen, als solche, eigentlich und unmittelbar schöpferisch."

Demzufolge ist also der Nationalstaat mit seinem politischen Rahmen die beste Voraussetzung für eine gesunde, entwicklungsfähige Sprache. Nicht die Sprache begründet die nationale Einheit, sondern es ist umgekehrt die Nation, die eine einheitliche Sprache als Ausdruck ihres Selbstbewußtseins schafft. Frankreich ist dafür ein gutes Beispiel. Der Romanist Karl Voßler stellte 1913 fest: »Die französische Sprache [...] ist, als Kunstsprache betrachtet, am Grundstock der politischen Mystik, am Stamm des französischen Nationalgefühls, am Pfeiler des königlichen Einheitsgedankens emporgewachsen. Gehalten und getragen von der nationalen Dichtung, ist sie über die benachbarten Mundarten hinausgewachsen.«

Noch ist die Zahl der Sprachen, die auf der Welt gesprochen werden, weit größer als die Zahl der Nationen oder der Staaten, die es auf der Welt gibt. Diese Ungleichheit wird sich aber immer weiter verringern. Denn weltweit greift ein gewaltiges Sprachensterben um sich. Auf der gesamten Welt werden noch rund 6000 Sprachen gesprochen. Davon haben 52 Prozent weniger als 10 000 Sprecher, 28 Prozent weniger als 1000 Sprecher und über 10 Prozent weniger als 100 Sprecher. Unter den gegenwärtigen Umständen werden 90 Prozent aller Sprachen innerhalb der nächsten 100 Jahre aussterben. Sprachen, die keine Nationalsprachen sind, haben es um so schwerer und sind am stärksten gefährdet.

Auch die Entwicklung von Staatsnationen bedingt ein Zurückdrängen ›schwächerer‹ Sprachen. In den Vereinigten Staaten von Amerika spielen die Indianersprachen und Einwanderersprachen wie Deutsch oder Französisch heute keine Rolle mehr. Nur das Englische konnte sich als Standardsprache durchsetzen. Obwohl jeder zweite US-Amerikaner deutsche Vorfahren vorweisen kann, ist die deutsche Sprache eine Randerscheinung, die zum Beispiel in Pennsylvanien nur noch von vereinzelten Deutschamerikanern in einer pfälzischen Mundart gepflegt wird. Der Grund für die Vormachtstellung des Englischen liegt an dem für europäische Erfahrungen schon verhältnismäßig alten Staatswesen – die amerikanische Verfassung ist seit über 200 Jahren in Kraft – und an dem ausgeprägten Nationalbewußtsein. In den Vereinigten Staaten behaupten 96 Prozent von sich, sie seien stolz, Amerikaner zu sein. Zum Vergleich: In Deutschland sind es knapp 60 Prozent.

In letzter Zeit dringt jedoch in den Vereinigten Staaten das Spanische vor. Die sogenannten ›Hispanics‹ haben inzwischen die Neger als größte Minderheit überholt. Viele Einwanderer aus Iberoamerika geben ihre Sprache nicht auf. Der Grund dafür ist zum einen in der hohen Zuwanderungsrate und in den damit verbundenen Integrationsschwierigkeiten zu suchen. Zum anderen zerfällt im Zuge der neoliberalen Globalisierung, in der materielle Werte andere Werte verdrängen, die Übereinstimmung unter den Amerikanern über das, was ihre nationale Identität ausmacht. ›Speaking English‹ ist in Kalifornien für die Schwarzen, die Weißen und die Asiaten ein wichtigeres Erkennungszeichen eines ›wahren Amerikaners‹ als für die Hispanics, wie eine Umfrage ergeben hat. Für die Spanisch sprechenden Zuwanderer sei demzufolge die Gleichbehandlung aller – »Treating All Equally« – ein wesentlich wichtigeres Erkennungszeichen; das ist ein eher materielles Bedürfnis.

Wie sieht es bei uns aus? In Deutschland bezeugen die landsmannschaftlichen Besonderheiten, die gern gepflegt werden, und die heute noch lebendigen zahlreichen deutschen Mundarten die jahrhundertelange politische Zersplitterung des Reiches. Dennoch hat der niemals untergegangene Reichsgedanke über die Jahrhunderte hinweg einen nationalen Rahmen für die Entwicklung der deutschen Sprache gegeben. Die unter dem Reichsgedanken entstandene kulturelle Vielfalt ist vielleicht mit ein Grund für den Reichtum unserer Sprache. Dazu paßt eine Feststellung Humboldts: »Daß Nationen von glücklicheren Gaben und unter günstigeren Umständen vorzüglichere Sprachen, als andere, besitzen, liegt in der Natur der Sache selbst.«

Konvergenz oder Divergenz –
Wohin geht die Sprachentwicklung?

»Sprache entwickelt sich«, heißt es immer so schön. Diese Feststellung wird vor allem von jenen ins Feld geführt, die diesen Satz als Totschlagargument gegen Verfechter der deutschen Sprache benutzen. Als zweites bekommt man nämlich von solchen Leuten zu hören: »Also hat es keinen Sinn, sich gegen die Entwicklung zu stemmen.« Heraklits »panta rhei« – »alles fließt« – ist schon richtig. Aber mit dieser Feststellung ist noch nichts darüber gesagt, in welche Richtung die Entwicklung fließt. »Alles fließt« eignet sich nicht als Rechtfertigung dafür, mit dem Strom zu schwimmen, sondern ist vielmehr als eine Aufforderung an jeden einzelnen zu verstehen, darauf zu achten, welchen Weg unsere Geschichte nimmt. Das gilt auch und gerade für die Geschichte unserer Sprache.

Die Entwicklung der Sprache kann nämlich zwei Richtungen nehmen: die der sogenannten *Konvergenz* oder die der sogenannten *Divergenz*. Unter ›Konvergenz‹ versteht man die Entwicklung zur Vereinheitlichung, zur Standardisierung von Sprache; unter ›Divergenz‹ versteht man genau das Gegenteil, nämlich die Auffächerung, die Aufspaltung von Sprache. Wir können also Konvergenz mit ›Sprachvereinheitlichung‹, Divergenz mit ›Sprachaufspaltung‹ übersetzen.

Ein gutes Beispiel für konvergente und divergente Sprachentwicklung gibt uns das alte Griechenland. Die griechische Sprache war in vorklassischer Zeit einheitlich, fächerte sich in der klassischen Zeit in Dialekte auf und standardisierte sich wieder in der Nachklassik. Das gemeinsame Urgriechisch spaltete sich in der Frühzeit der griechischen Geschichte in hauptsächlich drei Mundarten auf: in das Ionisch-Attische, das Äolisch-Achäische und das Dorisch-Westgriechische. Grund für diese Aufspaltung war die politische Zersplitterung in zahlreiche Stadtstaaten (›Poleis‹). Es gab keine einheitliche Sprachnorm mehr. So wurde in der Literatur das Attische zur Sprache der Rhetorik und der Tragödie, das Dorische zur Sprache der Chorlyrik. Das Ionische trennte sich vom Attischen und wurde zur Sprache der Prosa. Der berühmte Historiker Herodot, der ›Pater historiae‹, der Vater der Geschichtswissenschaft, schrieb ionisch. Mit der Verschriftlichung der Dialekte entstand die Gefahr, daß sich aufgrund dieser Divergenz unterschiedliche Sprachen entwickelten.

Dennoch blieb ein gesamtgriechisches Nationalbewußtsein erhalten: Die Griechen trafen sich bei den Spielen in Olympia, hatten gemeinsame heilige Stätten wie in Delphi und schlugen gemeinsam die äußere Bedrohung durch die Perser zurück. Die immer stärker werdende Vormachtstellung Athens innerhalb Griechenlands führte auch zur Vorherrschaft des attischen Dialektes und zur Konvergenz des Griechischen. Die Literatursprache richtete sich immer stärker am reinen Attischen aus. Im 5. Jahrhundert vor Christus wich in der Prosasprache das Ionische dem Attischen. Mit Alexander dem Großen breitete sich das Griechentum als Hellenismus über ein gewaltiges Reich aus. Grundlage der hellenistischen Kultur wurde das Attische. Es entstand eine ›gemeinsame Sprache‹, die sogenannte ›koiné glossa‹, kurz ›Koiné‹. Das Koiné-Griechische wurde zur Weltsprache und zur Ursprache des Neuen Testamentes.

Zurück zu Deutschland: Auch in unserer Sprachgeschichte gibt es konvergente und divergente Entwicklungen. Die Deutschen haben wie kaum eine andere Nation mit sprachspalterischen, divergenten, Entwicklungen zu kämpfen. Nachdem die Niederlande aus der übergeordneten politischen Einheit des Reiches ausgeschieden waren und ihre Mundart verschriftlicht hatten, um ihre Unabhängigkeit zu betonen, entstand mit dem Holländischen eine eigene Sprache. Manche sehen das Holländische immer noch als eine Art Mundart des Deutschen an, da es noch in vielem an die deutsche Standardsprache erinnert. In der Schweiz hat sich trotz der Trennung vom Reich die deutsche Standardsprache lange gehalten. Dennoch sind auch hier divergente Entwicklungen zu beobachten, gerade in jüngster Zeit.

In der heutigen Schweiz ist eine Vermundartung zu beobachten: Die Schweiz verabschiedet sich von der deutschen Standardsprache. Die deutsche Standardsprache hat sich in der Schweiz trotz der Abspaltung auch deswegen lange gehalten, da den Französisch sprechenden Romands nicht zuzumuten war, eine deutsche Mundart zu lernen, für die keine verbindlichen Regeln vereinbart sind. Denn es gibt nicht die Schweizer Mundart, sondern eine Vielzahl von Dialekten, von denen das Züricherdeutsch am häufigsten gesprochen wird. Vor ein paar Jahren begannen private Hörfunksender jedoch, das Schweizerdeutsch zu fördern. Inzwischen hat die Mundartwelle die staatlichen Rundfunkanstalten erreicht. Drohte vor Jahren die Regierung noch einem Klassikradio, ihm die Sendeerlaubnis zu entziehen, so macht sich heute schnell unbeliebt, wer etwas gegen die breite Gegenwart des Schweizerdeutschen einwendet.

Die Folgen: Junge Schweizer sind immer weniger dazu bereit, von der Mundart in die Standardsprache zu wechseln. Hochdeutsch wird nur noch in Parlamenten, Predigten, Hörfunknachrichten und in der Schule gesprochen. Aber auch dort bröckelt die Standardsprache bereits. Nicht alle Lehrer setzen das Hochdeutschgebot im Unterricht durch. Sie können teilweise selbst kein fehlerfreies Hochdeutsch mehr.

Kaum einer warnt noch vor einer Vermundartung der deutschen Schweiz. Die Deutschschweizer, auf der Suche nach einer Identität, die ihnen das Mutterland nicht mehr geben kann, verstehen ihre Mundart immer stärker als bewußtseinstiftende Eigenheit. Als einer der wenigen warnt der Schweizer Schriftsteller Hugo Loetscher: »Wir riskieren den Ausschluß aus einem Kulturraum. Die Straße ist das Labor der Sprache, und wenn wir Deutsch nicht mehr sprechen, dann schreiben wir irgendwann auch schlechter.« Loetscher vermutet, daß die Vermundartung auch das Deutsch der Schweizer Schriftsteller verändern wird. Doch Loetscher bleibt eine vereinzelte Stimme.

Die Schweiz verabschiedet sich auf diese Weise allmählich von der deutschen Sprachgemeinschaft und entfernt sich damit immer weiter von der deutschen Nation. Die politische Trennung und die geringe Strahlkraft der deutschen Gegenwartskultur lassen die Schweizerdeutschen zu den Niederländern der Alpen werden. Dieser Prozeß ist zwar noch nicht abgeschlossen, aber unter den gegenwärtigen Bedingungen nicht aufzuhalten. Wenn die Entwicklung so weitergeht, werden sich bald ein Norddeutscher und ein Deutschschweizer auf englisch unterhalten müssen, um sich verstehen zu können.

Bedrohung der Nation, Bedrohung der Sprache

Es bedarf nicht besonders ausgeprägter analytischer Fähigkeiten, um festzustellen, daß wir uns im heutigen Deutschland in einer Phase der divergenten Sprachentwicklung befinden: Das Englische verdrängt das Deutsche als Wissenschaftssprache. Immer weniger neue Fachausdrücke werden ins Deutsche übersetzt. Die Rechtschreibung ist uneinheitlich geworden. Die Medien und die Wirtschaft sprechen oftmals in einer Sprache, mit der Teile des Volkes von der nationalen Kommunikation ausgeschlossen werden.

Der Grund für die divergente Sprachentwicklung liegt in der *Internationalisierung* und in der *Entnationalisierung* Deutschlands. Dieser Prozeß hat vor Jahrzehnten begonnen und wirkt sich um so stärker aus, je länger er dauert. Angriffe auf die Einheit der Nation sind auch Angriffe auf die gemeinsame Sprache. Innere und äußere Bedrohungen der Nation wirken sich sprachlich aus. Ich möchte an einer Reihe ausgewählter Beispiele diese Auswirkungen darstellen:

1. Auswirkungen des hohen Ausländeranteils, z. B. bei Schulkindern (Pisa),
2. Deutsch als Wissenschaftssprache,
3. Privatisierung der Rechtschreibung,
4. Überflutung mit überflüssigen Anglizismen.

1. Auswirkungen des hohen Ausländeranteils: z. B. bei Schulkindern (Pisa)

Die Internationalisierung Deutschlands schlägt sich, wie wir alle wissen, zum Beispiel in einem hohen Ausländeranteil nieder. Er ist bereits so hoch, daß Integration nur noch schwer möglich ist. Das bedeutet, daß nicht mehr jeder Ausländer, der hier lebt, dazu gezwungen ist, Deutsch als Standardsprache zu lernen; denn in seiner Lebensumwelt finden sich genügend Menschen, die seine eigene Sprache sprechen. In Deutschland beginnt eine Sprachauffächerung.

Besonders deutlich sieht man diese Internationalisierung an

deutschen Schulen. Heuer veröffentlichte Ergebnisse der Pisa-Untersuchung zeigen, daß ein Anteil ausländischer Schüler von mehr als 20 Prozent – eine Prozentzahl, die die *FAZ* als verhältnismäßig gering einstuft – das mittlere Leistungsniveau sprunghaft senkt. Das gelte selbst dann, wenn die Ausländerkinder ihre gesamte Schulzeit in Deutschland verbracht haben. »Offensichtlich gelingt es den Schulen schlecht, sich auf heterogen zusammengesetzte Klassen einzustellen«, heißt es in der Untersuchung. Es gibt bereits Schulen – so gesehen in Berlin-Kreuzberg –, die zweisprachige Beschriftungen anbringen: Deutsch und Türkisch. Dies ist nur *ein* Beleg dafür, daß die deutsche Sprache zu halbherzig als Standard durchgesetzt wird.

Die Pisa-Forscher haben jetzt die Daten der deutschen Kinder getrennt von denen der Ausländerkinder errechnet. In ihrer Untersuchung heißt es, daß ohne die Ausländerkinder Deutschland im internationalen Vergleich der Schulleistungen ein ordentliches Ergebnis erreicht hätte. Der Grund liegt in den mangelnden Sprachkenntnissen der Ausländerkinder, die Schwierigkeiten haben, die Lehrer sprachlich gut zu verstehen. Das geht natürlich auch zu Lasten der Deutschen. Spätestens ab einem Ausländeranteil von 20 Prozent leiden auch die Leistungen der deutschen Schüler. Die multikulturelle Gesellschaft frißt ihre Schulkinder.

Aber auch 8,3 Prozent der deutschen Kinder, die im vergangenen Jahr hierzulande eingeschult worden sind, können sich laut amtsärztlicher Beurteilung nicht ihrem Alter entsprechend verständlich machen.

2. Deutsch als Wissenschaftssprache

Deutsch ist als Standardsprache in Unterricht und Wissenschaft heute wieder gefährdet. Zu Leibniz' Zeiten war es noch das Latein, das vielen den Zugang zu wissenschaftlichen Erkenntnissen verwehrte. Heute ist es das Englische, das an den Hochschulen und in der Forschung im Zuge der Internationalisierung einzieht.

Leibniz beklagte seinerzeit: »In Deutschland aber hat man noch dem Latein und der Kunst zuviel, der Muttersprache aber und der Natur zu wenig zugeschrieben, welches denn sowohl bei den Gelehrten als bei der Nation selbst eine schädliche Wirkung gehabt hat. [...] diejenigen, so kein Latein gelernt, von der Wissenschaft gleichsam ausgeschlossen worden.« Gelehrte würden nur noch für Gelehrte schreiben. Heute blüht uns ein ähnlicher Zustand: Immer mehr deutsche Fachzeitschriften erscheinen auf englisch, immer mehr Hochschulen beschließen, englischsprachige Lehrveranstaltungen einzuführen.

Der Hochschulkompaß der Hochschulrektorenkonferenz (HRK) gibt die Zahl der Studiengänge, deren erste Unterrichtssprache Englisch ist, mit 245 von 9207 an, also knapp drei Prozent. Bei den weiterführenden Studiengängen sind es allerdings bereits 33 Prozent. Sabine Gerbaulet, Sprecherin der TU Darmstadt, erklärt: »Für uns ist Englisch die Wissenschaftssprache. Unsere Professoren bieten ihre Veranstaltungen fast alle auf englisch an. Die maßgeblichen Publikationen der Technikwissenschaften erscheinen sowieso alle auf Englisch.«

Ein russischer Wissenschaftler meinte, daß »viele Deutsche selbst im Begriff sind, ihre eigene Sprache als Verwendungssprache im Umgang mit dem Ausland zugunsten des Anglo-Amerikanischen aufzugeben. Zahlreiche Deutsche, die nach Rußland zu verschiedenen geschäftlichen Verhandlungen oder wissenschaftlichen Konferenzen kommen, bedienen sich der englischen Sprache oder eines englischsprachigen Dolmetschers, obwohl deutschsprachige Dolmetscher in Menge da sind. Man kann sich sogar des Eindrucks nicht erwehren, daß es bei vielen Deutschen zum guten Sozialstil gehört, sich auch im nichtenglischsprachigen Ausland durch die englische Sprache auszuweisen«. ›Mangelnde Sprachloyalität‹ nennt man das. Sie ist eine Ursache für die derzeit divergente Sprachentwicklung.

3. Privatisierung der Rechtschreibung

Mit der Einführung der sogenannten Rechtschreibreform haben wir die über die Jahrhunderte errungene Einheitlichkeit der deutschen Rechtschreibung verloren. Es gibt keinen nationalen Orthographiestandard mehr. Derzeit ist eine Vielzahl von unterschiedlichen Orthographien in Umlauf. Professor Theodor Ickler schreibt in der Einleitung zu seinem Rechtschreibwörterbuch: »Noch bevor die Neuregelung der Schulorthographie von 1996 in Kraft getreten war, schlugen ihre Urheber ›unabdingbar notwendige‹ Korrekturen vor, die von den Kultusministern zunächst begrüßt, dann

22

jedoch – mit Rücksicht auf die Verleger, die weitere wirtschaftliche Schäden befürchteten – untersagt wurden. Daraufhin erarbeiteten die Nachrichtenagenturen, einige Zeitungsverlage und die Deutsche Akademie für Sprache und Dichtung jeweils unterschiedliche Kompromiß- und Alternativentwürfe, und ›Hausorthographien‹ – wie man sie im vorigen Jahrhundert gekannt hatte und durch die Einheitsorthographie von 1902 endgültig überwunden glaubte – schossen wie Pilze aus dem Boden.«

In den Zeitungen finden wir also eine andere Rechtschreibung als die, die in den Schulen gelehrt wird. Hinzu kommt, daß viele Medien gar nicht auf die neue Schreibweise umstellen. Es ist nicht nur die *Frankfurter Allgemeine Zeitung*, die nach den hergebrachten Regeln schreibt. Im Netz gibt es eine – unvollständige – Liste mit weit über 100 Medien, die sich weiterhin nach den klassischen Regeln richten. Auch Verlage, die etwas auf sich halten, stellen nicht um. Der angesehene Deutsche Taschenbuch-Verlag (dtv) wendet die Rechtschreibreform kaum an. »Alles, was nicht schulrelevant ist, wird nach der alten Rechtschreibung gesetzt«, hat der Verlag mitgeteilt. Der Suhrkamp-Verlag hat angekündigt, für seine Veröffentlichungen bei der hergebrachten Rechtschreibung zu bleiben. Selbst wenn alle Verlage und Zeitungen auf einen Schlag umstellten: Frühere Literatur wäre immer noch in der hergebrachten Rechtschreibung gedruckt. Das Chaos ist auch auf lange Sicht gegeben.

Die Schulen sind zu einer Rechtschreibinsel geworden, mit Folgen. Harald Marx, Professor für Pädagogische Psychologie an der Universität Leipzig, hat darauf hingewiesen, daß man das Schreiben vor allem durch ausgiebiges Lesen erlernt, durch das sich die Schreibweisen der Wörter im Gedächtnis einprägen. Das Chaos der unterschiedlichen Schreibweisen erschwert das Lesenlernen und verunsichert die Schüler derart, daß wesentlich mehr Rechtschreibfehler als vorher gemacht werden.

Eine wichtige Sache wie die Rechtschreibung wurde aus den Händen des Sprachvolkes in die Hände unkontrollierter Instanzen wie der Kultusministerkonferenz gegeben, die ein Bündnis mit Schulbuch- und Wörterbuchverlagen eingegangen ist, die das große Geschäft machen wollen. Die Rechtschreibreform ist auch eine Folge der Internationalisierung im Zuge der neoliberalen Globalisierung. Der in Deutschland lebende syrische Kinderbuchautor Rafik Schami schreibt, daß er durch den Widerstand gegen die sogenannte Reform erfahren habe, daß die Sprache nicht mehr die Sache des Volkes sei, sondern zum Besitz von privaten Firmen werde. So hat die Bertelsmann AG als international tätiges Unternehmen die Rechtschreibreform gezielt gefördert und davon durch den Absatz von Wörterbüchern profitiert. An die Schulkinder, die den ganzen Unsinn lernen müssen, hat man am wenigsten gedacht.

4. Überflutung mit überflüssigen Anglizismen

Die Internationalisierung unserer Sprache erkennen wir am deutlichsten an der Überschwemmung mit Anglizismen. Christian Meier, der ehemalige Präsident der ›Deutschen Akademie für Sprache und Dichtung‹, schrieb 1999 in dem Buch *Sprache in Not? Zur Lage des heutigen Deutsch:* »Um die viertausend Wörter, schätzt man, sind schon aus dem Englischen und dem Amerikanischen in die deutsche Sprache eingegangen. Die Zahl steigt rapide weiter, der Prozeß, so scheint es, ist im Begriff, sich zu überstürzen. In ganzen Bereichen der Alltagssprache, in denen der Werbung etwa, der Pop-Kultur, der Mode, der Computertechnik, kommt man ohne Englischkenntnisse gar nicht mehr aus.« Die von Meier genannte Zahl von 4000 dürfte eher zu tief gegriffen sein. Die übergroße Zahl an Fremdwörtern, die unser Wortschatz aufnehmen muß, ist nicht mehr in die deutsche Sprache einzuverleiben.

Die zahlreichen Anglizismen sind auch Ausdruck des internationalen Kapitalismus. Sogenannte ›Global Player‹, weltweit Handelnde, verstärken die Kräfte, die die Sprache aus materiellen Gründen zu instrumentalisieren versuchen. Zudem verliert die Nation durch Privatisierungen, durch die Entstaatlichung von Post, Eisenbahn und Telekommunikation den Einfluß auf die Großunternehmen, die in erheblicher Weise den Sprachgebrauch bestimmen. Nicht ohne Grund heißt die Post jetzt ›Deutsche Post World Net‹.

Eine riesige Monokultur des Amerikanischen breitet sich über die ganze Welt aus. Engleutsch, also schädliche und überflüssige Anglizismen, paßt sich oft nur schlecht der deutschen Sprache an, gaukelt Weltläufigkeit vor, verdrängt bestehende Wörter oder behindert die Neuschöpfung eigener Wörter. Engleutsch ist oft oberflächlich, einfallslos, verschleiernd. Sprachvernebelung durch Engleutsch ist eine weltweite Strategie der Konsumökonomie. Diese Vernebelung stört die allgemein verständliche Standardsprache.

Wege aus der Krise

Die Herausbildung und die Wahrung einer Standardsprache beruhen zumindest zum Teil auf politischer Förderung sprachlicher Konvergenz, also Standardisierung. Um unsere deutsche Sprache zu erhalten, benötigen wir deswegen eine nationale Sprachpolitik. Will man die Sprache stärken, muß man auch die Nation stärken. Eine nationale Sprachpolitik muß Deutsch als Wissenschaftssprache fördern, für eine einheitliche und allgemein anerkannte Rechtschreibung sorgen und dafür kämpfen, daß nicht durch Überhäufung mit Fremdwörtern die nationale Kommunikation gestört wird, indem die Verständlichkeit eingeschränkt wird und Teile des Sprachvolkes sprachlich ausgeschlossen werden.

Zur Koordinierung der Sprachpolitik ist eine nationale Sprachakademie dringend erforderlich, die unabhängig von Einzelinteressen handelt und das nationale Sprachbewußtsein fördert. Sie könnte über den Schutz des Deutschen als Standardsprache wachen, Gesetzesvorschläge erarbeiten und über Wörterbucharbeit die Rechtschreibnorm setzen, indem sie sich nach dem allgemeinen Sprachgebrauch richtet.

Zur Förderung des Sprachbewußtseins haben wir vor fast drei Jahren die Sprachzeitung *Deutsche Sprachwelt* gegründet, die vierteljährlich erscheint und sich hauptsächlich aus Spenden finanziert. Herausgegeben wird sie vom Verein für Sprachpflege. Ich selbst bin mit der Schriftleitung betraut. Eine Umfrage hat ergeben, daß wir rund 75 000 Leser haben und damit auf eine gewisse Verbreitung stolz sein können. Sie finden uns im Netz unter www.deutsche-sprachwelt.de. Die Erfahrungen mit der *Deutschen Sprachwelt* geben uns große Hoffnung, daß es noch nicht zu spät ist, die divergente Sprachentwicklung, die die Einheit unserer deutschen Sprache gefährdet, abzulenken. Erst vor wenigen Tagen konnten wir an unserem Stand auf der Leipziger Buchmesse erfahren, wieviel Unterstützung es im Volk für unser Anliegen gibt, eine Plattform für die deutsche Sprache zu bilden. Ich möchte auch

Sie dazu einladen, unsere Tätigkeit zu unterstützen. Wir wissen nicht, ob unser Streben von Erfolg gekrönt sein wird. Aber eines wissen wir: Wer kämpft, kann verlieren. Wer aufgibt, hat schon verloren.

Jetzt habe ich für Sie zum Schluß noch eine kleine Rätselaufgabe. Ich habe ein Fundstück für Sie, das ich Ihnen nicht vorenthalten möchte. Die Frage lautet: Woher stammt der folgende Text? – Passen Sie auf: – »Zur Bildung einer Nation gehört notwendig die Entwicklung einer einheitlichen Nationalsprache. Diese ist [...] einer der wichtigsten ›Wesensbestandteile der nationalen Gemeinschaft‹. Soll diese in ihrem inneren Zusammenhang fest und gegen ihre Feinde stark bleiben, so muß sie vor allem auch ihre Sprache in deren Eigenart kräftig erhalten. Das gilt für uns Deutsche in der gegenwärtigen Lage in erhöhtem Maße. Die Westmächte haben Deutschland widerrechtlich gespalten, den gesamtdeutschen Wirtschaftsorganismus gestört, und ihr Einfluß gefährdet ernstlich die nationale deutsche Kultur. Schon zeigen sich auch zersetzende Einwirkungen der kosmopolitischen Ideologie und der amerikanischen Unkultur auf die deutsche Sprache – das zur Zeit noch festeste Band zwischen Ost und West.«

Vielleicht haben Sie schon einen Verdacht. Wenn wir weiterlesen, wird es klar, woher dieser Text stammt: »In ihrem energischen Bemühen, die Einheit Deutschlands auf demokratischer Grundlage herzustellen, erachtet es daher die Regierung der Deutschen Demokratischen Republik für ihre hohe Pflicht, daß unsere Sprache geschützt und in möglichst reiner Form gepflegt wird.« Was ich Ihnen vorgelesen habe, entstammt dem Vorwort des Buches *Die deutsche Sprache*, erschienen in Leipzig 1954. Es ist wohl unnötig, darauf hinzuweisen, daß den deutschen Regierungen in den späteren Jahren immer stärker erst das nationale, dann das sprachliche Bewußtsein abhanden gekommen ist. Jetzt ist eine Gegenbewegung fällig.

Wer die deutsche Sprache erhalten will, muß das deutsche Volk und die deutsche Nation erhalten.

Keine (deutsche) Zukunft ohne (deutsche) Kinder

Heilwig Holland

»Völker sind Gedanken Gottes« nach Herder, und unsere Aufgabe ist es, sie in ihrer wertvollen Vielfalt zu erhalten. Wir wollen nicht zulassen, daß sie im grauen Einheitsbrei aus Multikultur und Globalismus Charakter und Zukunftsfähigkeit verlieren. Vor allem unser deutsches Volk ist aus mannigfachen Gründen davon in höchstem Maße bedroht.

Ich komme von einem Hof in Oberschwaben, der jetzt von unserem ältesten Sohn mit Familie als Bio-Hof bewirtschaftet wird.

Unser Wahlkreis Biberach wurde für die CDU über mehrere Wahlperioden von einem Grafen Waldburg, aus dem berühmten Geschlecht Waldburg-Zeil, im Bundestag vertreten. Er selbst konservativ, 5 Kinder, über lange Zeit Vorsitzender des Bundeselternbeirates. Aus seinem Wahlprospekt vom Beginn der Kohl-Ära: »Wir müssen uns daran gewöhnen, daß in jedem Dorf Oberschwabens Menschen verschiedener Hautfarbe zusammenleben.« Dieses politische Ziel wurde mittlerweile leider nahezu erreicht.

Die Zahl der Ausländer in Deutschland ist unter der Regierung Kohl auf früher unvorstellbare 8 Millionen angestiegen. Die Christdemokraten haben es dank ihrer jahrzehntelangen baden-württembergischen Kulturhoheit so weit gebracht, daß man sich zur Zeit selbst im ländlichen Oberschwaben händeringend darum bemüht, sogar jene Ausländer durch Kirchenasyl im Dorf zu behalten, die von unseren Gerichten zur Abschiebung verurteilt sind. Unser CDU-Landrat und Landtagsabgeordneter schickt jetzt angesichts des Kirchenasyls einen Hilferuf an die Vorgesetzten des verantwortlichen Dekans, der mit folgenden Worten endet: »Ich bitte Sie, zur Kenntnis zu nehmen, daß wir in einem Rechtsstaat leben, in dem die Behörden an Gesetz und Ordnung gebunden sind. Andernfalls wäre der Willkür Tür und Tor geöffnet.«

Man ist versucht, an den Zauberlehrling zu denken, der die Geister, die er rief, nicht mehr im Griff hat.

›Schutzbund für das deutsche Volk‹

Da sich mein Thema mit der Aussage des ›Schutzbundes für das deutsche Volk‹ deckt, »Keine deutsche Zukunft, ohne deutsche Kinder«, erlaube ich mir, als Vorsitzende diesen kurz vorzustellen.

Die Ziele des Schutzbundes sind die Erhaltung des deutschen Volkes, die Erhaltung seiner Heimat und seiner Kultur. Das bedeutet:

1. Die deutsche Familie ist so zu fördern, daß die jährliche deutsche Geburtenzahl ansteigt, bis die jeweilige Elterngeneration durch ihre Kindergeneration voll ersetzt wird.

2. Die heute tätige Generation von Deutschen muß zu ihrer Pflicht stehen, Deutschland als Heimat der Deutschen zu bewahren und ungeschmälert an ihre Kinder, Enkel und Urenkel weiterzugeben.

3. Unserem Volk müssen seine Sprache, seine Sitten und seine Kultur durch bewußte Pflege erhalten bleiben.

Die Aufklärungsarbeit des Schutzbundes besteht hauptsächlich in der Herausgabe guter Flugblätter, im persönlichen Einsatz seiner Freunde und Mitglieder beim Verteilen dieser Schriften, sowie in Gesprächen, Leserbriefen und Diskussionsbeiträgen. Soweit die Zielvorstellung. Wie sieht es heute in der Praxis aus?

Im vergangenen Herbst kamen wir zu einem Vorstandstreffen des Schutzbundes zusammen, um uns Gedanken zu machen, wie es weitergehen soll. Dazu bekam ich von einem Teilnehmer anschließend folgende Zusammenfassung: »Uns allen brennt die Sorge über den Fortbestand unseres Volkes auf der Seele. Wir sehen, wie unsere Städte ihr Gesicht verändern und Schritt für Schritt, Stadtteil für Stadtteil von Einwanderern übernommen werden. Wir müssen erkennen, daß dies mit dem Einverständnis der verantwortlichen Politiker geschieht oder gar in deren Absicht liegt. Wir wissen, daß der Nachwuchs unter den Deutschen stagniert und im Endeffekt gegenüber dem der Einwanderer immer weiter zahlenmäßig absinkt. Wir begreifen nicht, daß die politischen Parteien und die gesellschaftlichen Gruppen nichts unternehmen, um den Verfassungsauftrag zu erfüllen, der die Identitätswahrung des deutschen Staatsvolkes verlangt. Wir stehen verzweifelt vor der

Tatsache, daß die Deutschen für die handgreiflichen Beweise dieser Entwicklung sowie ihrer Zurücksetzung und Verdrängung im eigenen Land blind sind.

Der Schutzbund ist als Bollwerk gegen den Untergang unseres Volkes gegründet worden. Das Volk aber hat sich in den mehr als zwanzig Jahren seines Bestehens dessen Anliegen nicht zu eigen gemacht. Der Schutzbund ist dem Mann auf der Straße und vor allem den Gebildeten eine Peinlichkeit. Er ist die Zielscheibe der Meinungsmacher (oder wird totgeschwiegen) und steht im Visier des Verfassungsschutzes. Der Schutzbund ist die Sache einer kleinen, elitären – weil weitsichtigen – Schar geblieben. Die in aufopferndem Einsatz millionenfach verteilten Flugblätter von anerkannter Qualität sind offensichtlich erfolglos in den Müll geflogen. Äußerlich gesehen, ist das der heutige Stand der Dinge. Er ist nüchtern zur Kenntnis zu nehmen und das weitere Tun darauf einzustellen.«

Bei diesem Stand der Dinge möchte ich auch Sie auffordern zu überlegen, wie wir in der Bevölkerung das Interesse und Verständnis für unser Anliegen wecken könnten. Oder ist in dieser Bevölkerung überhaupt niemand mehr unter diesem Thema ansprechbar?

Fest steht folgendes: Unsere Regierung läßt es kalt, daß die Zahl der Deutschen durch fehlenden Nachwuchs laufend zurückgeht. Berlin will andererseits den Wirtschaftsstandort Deutschland durch einen Bevölkerungsstand von 80 Millionen sichern. Die Regierung setzt auf den Ausgleich der schrumpfenden deutschen Bevölkerung durch millionenfache Zuwanderung aus allen Erdteilen.

Ohne eine Veränderung des generativen Verhaltens oder Zuwanderung würde die deutsche Bevölkerung bis ans Ende dieses Jahrhunderts auf ungefähr 20 bis 24 Millionen geschrumpft und durch das damit zusammenhängende hohe Durchschnittsalter auch wirtschaftlich und innovativ erschöpft sein. Die absehbaren Folgen werden sich schon innerhalb der nächsten zwei Jahrzehnte verheerend auswirken. Eine, wenn nicht die entscheidende, Antwort der Politiker hieß bisher ›Ersatzimmigration‹.

Die Befürworter der Ersatzimmigration erhoffen sich von der Einwanderung dreierlei:

1. eine Korrektur der Altersstruktur,
2. eine Sicherung der sozialen Systeme und
3. eine kulturelle Bereicherung.

Zur Korrektur der Altersstruktur ist folgendes zu sagen: Als Folge des deutschen Geburtenrückganges wird die größte Bevölkerungsgruppe in Deutschland im Jahre 2050 aus Frauen bestehen, die älter als 85 Jahre sein werden. Bevölkerungswissenschaftler wie Professor Birg von der Universität Bielefeld sind aber der Ansicht, daß durch Zuwanderung im vorgesehenen Umfang das Ruder nicht mehr herumgerissen werden kann. Würde man beispielsweise versuchen, die Wohnbevölkerung in Deutschland konstant zu halten, wären dafür bis 2050 rund 17 Millionen Einwanderer nötig. Wollte man die Zahl der Erwerbstätigen konstant halten, wären sogar 24 Millionen notwendig. Würde man gar den Altersquotienten der Bevölkerung konstant halten wollen, müßten dafür 181 Millionen Einwanderer innerhalb des nächsten halben Jahrhunderts nach Deutschland kommen. Es liegt auf der Hand: Weder der Staat noch die Gesellschaft oder die Wirtschaft werden in der Lage sein, eine Einwanderung dieses Ausmaßes zu verkraften.

Wie steht es mit der Sicherung der sozialen Systeme durch Einwanderung?

Der sogenannte ›Pillenknick‹ der siebziger Jahre hat eine Entwicklung ausgelöst, die dem Generationsvertrag (die Jungen sichern die Renten der Alten) die Grundlage entzieht. Die importierten ›Rentenzahler‹ sollen, so die Erwartung, in erster Linie den Kollaps der sozialen Sicherungssysteme verhindern. Die UNO berechnet den heutigen Bedarf an Ersatzeinwanderung in Deutschland auf jährlich 6000 Einwanderer je Million Einwohner, also rund 500 000 Menschen je Jahr. Zweifel an diesem Modell ergeben sich aus den Erfahrungen der letzten Jahre: Ausländer sind aus einer Vielzahl von Gründen von Arbeitslosigkeit häufiger betroffen als Einheimische. Ihre Arbeitslosenquote ist mehr als doppelt so hoch wie die der Deutschen, und sie sind meist stärker von der großen Arbeitsplatzverlagerung im Zuge des Strukturwandels betroffen. Daran ändert auch der Umstand nichts, daß die durchschnittliche in der Arbeitslosigkeit verbrachte Zeit kürzer ist als die der Deutschen, weil Ausländer meistens auch geringere Löhne in Kauf nehmen.

Bei der Sozialhilfequote geht die Schere noch stärker auseinander. Sie ist bei Ausländern fast dreimal so hoch wie bei den Deutschen. Professor Birg äußert sich zur Erfahrung mit dem jüngeren Zuwanderungsmuster wie folgt: »Klar erfaßbar sind die fiskalischen Auswirkungen. Man kann bilanzieren, wieviel alle Zugewanderten in die Renten-, Pflege- und Krankenversicherung einzahlen, wieviel sie an Steuern in das Fiskalsystem einzahlen und wieviel sie auf der anderen Seite in Form von Sozial- oder Arbeitslosenhilfe oder auch Renten- und Pflegeleistung usw. herausbekommen. Wenn man das sauber auflistet und ausrechnet, wie das kürzlich durch das ifo-Institut und das Max-Planck-Institut für ausländisches Sozialrecht geschehen ist, stellt man fest, daß pro Kopf und pro Jahr beträchtlich mehr aus- als eingezahlt wird, nämlich ungefähr 4600 DM pro Kopf und Jahr für jene, die eine Aufenthaltsdauer von weniger als 10 Jahren haben.«

Die sozialen Systeme können nicht durch Einwanderung gerettet werden, wenn die Einwanderer durch überdurchschnittliche Erwerbslosigkeit eher zur Belastung als Entlastung der Systeme beitragen und diese Wirklichkeit durch deren Alterung sich in Zukunft verstärken wird. Eine weitere Frage wird sein, wie sich die Einwanderer verhalten werden, wenn sich ihre Erwartungen an die sozialen Leistungen einer demographisch erschöpften Gesellschaft nicht erfüllen werden.

Wir brauchen mehr Kinder, warum werden es immer weniger?

Die einzige nachhaltige langfristige Lösung des Problems sind mehr deutsche Kinder. Dazu muß hervorgehoben werden, daß es sich bei dieser Forderung keineswegs um nationale Ideologie handelt, sondern daß ganz pragmatisch auch der eigene Wohlstand abhängig ist von einer Sicherung der gesellschaftlichen Fortdauer und der damit verbundenen Bereitschaft, Kinder in die Welt zu setzen. Der Wunsch nach Kindern ist bei vielen jungen Leuten vorhanden, aber längst nicht alle werden Eltern, oder der Wunsch nach mehreren Kindern schwindet ›im rauhen Wind der Wirklichkeit‹ viel zu rasch.

Was ist schuld daran? Herr Dröscher vom Schutzbund hat das sehr gut zusammengefaßt:

- Kinder kosten Geld, Zeit, Nerven und Zuwendung.
- Kinder bedeuten Verzicht: Verzicht auf Anschaffungen, auf ein neues Auto, ein großes Haus, auf Urlaub, Reisen, modische Kleidung, auf Ausgehen und vor allem auf Selbstverwirklichung
- Kinder stören die Berufslaufbahn, sowohl des Vaters, der dann nicht so mobil sein kann, als auch der Mutter, die dann auf eigenes Einkommen verzichten muß.
- Je größer die Familie, desto schwerer ist, eine geeignete und bezahlbare Wohnung zu finden.
- Kinder bergen Risiken (Sorgenkinder, Schul- und Berufsschwierigkeiten, Erziehungsprobleme).
- Wir erkennen, daß zwar bei den meisten jungen Leuten anfänglich der Wunsch nach mehreren Kindern vorhanden ist, daß aber rasch die Gegengründe überwiegen.
- Dazu trägt sicher auch eine allgemeine Infragestellung der Familie bei.

Zur gegenwärtigen Krise der Familie

Es gehört zu den besorgniserregendsten Merkmalen unserer Zeit, daß die Familie in allen Ländern Europas und Nordamerikas in eine tiefe Krise geraten ist. Die jahrtausendelang als ›Keimzelle der Völker‹ und ›Urform‹ menschlicher Gemeinschaft betrachtete Familie droht mehr und mehr, zu einer Gemeinschaftsform zu werden, der die ethische Grundlage bestritten und der die für ihr Gedeihen notwendige gesellschaftliche und staatliche Anerkennung entzogen wird.

Die Krise der Familie zeigt sich in sozialer, politischer und geistiger Hinsicht:

1. In sozialer Hinsicht wird sie vor allem im Verlust der äußeren und inneren Stabilität der Familie offenkundig. Ihre schwindende äußere Stabilität wird an den hohen Scheidungsraten und der wachsenden Zahl von Rumpffamilien mit nur einem Elternteil sichtbar. Der Schwund der inneren Festigkeit zeigt sich etwa daran, daß Eltern häufig angesichts der enormen Beeinflussung ihrer Kinder durch Schule, Medien und gesellschaftliche Trends entweder auf eine Erziehung zu verbindlichen Werten und ethischen Normen verzichten oder aber bei ihrem Versuch einer sol-

chen Erziehung scheitern. Die innere und äußere Auflösung der Familie wird nicht zuletzt am erheblichen Geburtenrückgang der letzten drei Jahrzehnte sichtbar, der, abgesehen von Hunger- und Seuchenzeiten, historisch betrachtet längst ein nie dagewesenes Ausmaß erreicht hat. Neben der großen Zahl von gewollt oder ungewollt kinderlosen Ehen (in Deutschland zur Zeit 40 Prozent) steht eine noch größere Gruppe von Familien (in Deutschland zur Zeit 49 Prozent), deren Kinderzahl sich auf ein bis zwei beschränkt. Das sicherlich furchtbarste Symptom der herrschenden Krise der Familie sind die hohen Abtreibungszahlen (heute manchmal schon bei 12- und 13jährigen). Eine wesentliche Ursache für die massenhafte Tötung ungeborener Kinder in den Wohlstandsländern ist entweder das Fehlen einer Familie oder eine gestörte Familiensituation, welche die Annahme eines weiteren Kindes scheinbar untragbar macht.

2. In politischer Hinsicht offenbart sich die Krise der Familie darin, daß sie (verglichen mit kinderlosen Ehen oder Alleinlebenden) wirtschaftlich, steuer- und rentenrechtlich erheblichen Belastungen und Benachteiligungen ausgesetzt ist. Weder die spezielle Familienpolitik noch die allgemeine Politik (zum Beispiel die Wohnungsbau-, Städtebau- und Finanzpolitik) ist hinreichend darauf ausgerichtet, daß die Familie einen besonderen staatlichen Schutz und eine entsprechende gesellschaftliche Anerkennung braucht. Die meisten Industrieländer sind weit davon entfernt, den von Sachverständigen seit Jahren geforderten Familienlastenausgleich (bzw. Familienleistungsausgleich) durch entsprechende Gesetze zu verankern. Insbesondere die sozialpsychologisch enorme Erziehungsleistung derjenigen Mütter, die um der Erziehung ihrer Kinder willen auf eine Berufstätigkeit verzichten, wird bislang in finanzieller Hinsicht kaum oder überhaupt nicht bewertet. Der zutiefst familienfeindliche Charakter der herrschenden Politik zeigt sich mit unbestreitbarer Deutlichkeit darin, daß Kinderlosigkeit finanziell großzügig belohnt, Kinderreichtum aber hart bestraft wird. Die Einkommensschere zwischen kinderlosen Ehen und kinderreichen Familien ist so erheblich, daß der wachsende Verzicht auf Kinder und die heute drastische Beschränkung der Kinderzahl in der materialistischen Rangfolge der Wohlstandsgesellschaft nur logisch erscheinen.

3. Die tiefste Wurzel der Krise der Familie ist eine geistige. Noch nie zuvor war die Familie so grundsätzlich in Frage gestellt wie in der Gegenwart. Seit über drei Jahrzehnten wurde die Familie von Emanzipationsideologien als Hort der Unfreiheit bezeichnet, wo psychische Schäden und politisches Fehlverhalten geradezu gezüchtet würden. Die Familie wurde beschuldigt, die wahre Selbstverwirklichung zu verhindern, und sei deshalb abzuschaffen. Selbst dort, wo die Bedeutung der Familie als solche nicht bestritten wird, ist sie als eine von mehreren Gemeinschaftsformen anerkannt, die aber auch durch andere Institutionen (etwa kollektive) ersetzt werden kann. Der Familienverband wird nicht mehr als Wert anerkannt, dessen Erhaltung Opfer und Hingabe rechtfertigt. Die schwindende Bejahung des Kindes, gekoppelt mit einer weitverbreiteten Verhütungsmentalität, entzieht der Familiengemeinschaft das sinngebende Fundament.

4. Die Krise der Familie geht einher mit einer ähnlich tiefgreifenden Krise der Ehe. Am greifbarsten wird dies in der hohen Zahl von Ehescheidungen. Die Bereitschaft und Fähigkeit, Ehekrisen zu überwinden, hat offenbar erheblich abgenommen. Wesentlich zugenommen haben dagegen die (inzwischen beinahe allgemein übliche) voreheliche Sexualität und die außerehelichen Beziehungen. Die Bereitschaft zur Eheschließung wird immer geringer. Statt dessen ist ein beträchtliches Anwachsen anderer Lebensformen (der sogenannten ›Ehen auf Zeit‹, homosexueller Gemeinschaften und der Single-Existenz) zu beobachten. Unterstützt wird diese Entwicklung durch eine Medien- und Kulturlandschaft, welche die Unantastbarkeit und Unauflöslichkeit der Ehe ständig in Frage stellt.

5. Die politische Krise der Ehe zeigt sich vor allem darin, daß die staatliche Gesetzgebung die Möglichkeit der Ehescheidung vielfach so erleichtert hat, daß die Hemmschwelle, die Scheidung einzureichen, stark gesunken ist. Dort, wo der Staat auf das Sexualverhalten seiner Bürger (etwa im Sexualkundeunterricht oder bei der Aids-Aufklärung) Einfluß zu nehmen sucht, erliegt er meist der Versuchung, nicht das Leitbild und den Schutz der Ehe, sondern den in der Gesellschaft herrschenden Wertepluralismus oder gar reine Ichsucht zur Grundlage seiner Aufklärung zu machen. Wie problematisch die Ehe in politischer Hinsicht geworden ist,

belegt die Tatsache, daß sich inzwischen sogar das Europaparlament mehrheitlich »für die Möglichkeit von Eheschließungen und Kinderadoptionen homosexueller Paare« ausgesprochen hat! Daraus folgt für die europäischen Staaten, daß eine rechtliche Gleichstellung nichtehelicher Gemeinschaften mit der Ehe bevorsteht.

Die Forderung oder – besser gesagt – der Wunsch nach deutschen Kindern für eine deutsche Zukunft sieht sich, wie soeben geschildert, einer äußerst ungünstigen Startposition gegenüber, denn die Grundlage für Kinder ist und bleibt nun einmal eine heile Familie.

Eigene Erfahrungen

Ich erlaube mir, die Theorie nun beiseite zu lassen und zu schildern, wie ich als Mutter von sechs Kindern und Großmutter von zehn Enkelkindern die Situation erlebe und mir meine Gedanken dazu mache.

Diese Vorgehensweise ist mir ohnehin eher angemessen, da ich aus meinem Leben als Mutter, Hausfrau und Bäuerin immer nur Ausflüge in die praktische Politik unternahm und leider nie die Zeit hatte, mich über längere Zeit in Literatur zu vertiefen.

Morgens, noch vor 7 Uhr in der Frühe, bin ich bei unseren Pferden beschäftigt. Ich mache den Stall sauber und habe dabei Ruhe und Muße über manches nachzudenken, was mir wichtig ist: Alles, was uns umgibt, wovon und wofür wir leben, was wir lieben und erhalten möchten, haben wir übernommen von denen, die vor uns waren. Daraus erwächst ein Gefühl der Pflicht, es zu pflegen und zu schützen für die, die nach uns kommen. Ich möchte es überschreiben mit dem Titel ›Substanzerhaltung‹. Gehört nicht auch Land dazu? Land, das man ›Heimat‹ nennen kann? Volk ohne Heimat, nein, das kann nicht gut gehen.

Zum Lebensrecht eines Volkes gehört auch der Anspruch auf ausreichend Land. Familien mit Kindern sollten einen Garten haben, Platz zum Spielen und Toben. In einer Hochhauswohnung zum Beispiel drei Kinder aufzuziehen, das erscheint mir fast als Martyrium für Eltern wie Kinder. Auch die nächste Generation sollte noch die Möglichkeit haben, einen Bauplatz zu finden, um ein Haus in einem Garten zu bauen und Kinder dort großzuziehen. In der biologischen Landwirtschaft geht es immer um die artgerechte Tierhaltung.

Die Tiere brauchen Platz für ausreichend Bewegung und einen Auslauf unter freiem Himmel. Vielleicht sollte man einmal die artgerechte Kinderaufzucht zum Programm erklären: pro Kind einige ar Wiese und die ständige Möglichkeit, im Freien zu spielen. Bis jetzt gibt es diese Forderung nur für Nutztiere. Mir hat einmal eine Mutter von fünf Kindern erzählt, wieviel weniger Streitereien es unter ihren Kindern gab, seitdem sie in einem größeren Haus mit großem Garten lebten.

Aber in unserem Land wird es immer enger. Statt die Substanz Land zu erhalten, müssen wir mehr und mehr zusammenrücken. Ist es nicht widersinnig, daß gerade die Partei der Grünen, laut eigener Aussage natur- und umweltverbunden, am lautesten für eine Dauereinwanderung in dieses so dichtbesiedelte Land eintritt? Von den Einwanderern wird kaum einer sich um Umweltschutz und Ökologie scheren, zumindest nicht in den nächsten fünfzig Jahren. So lange haben die ganz andere Sorgen.

Erst gestern wieder sah ich mit einer gewissen Rührung unsere kleine Enkeltochter mit Schulranzen in einer Schar von Erstkläßlern zur Schule wandern. Wie schön ist die Vorstellung, daß in Dörfern und Städten Deutschlands jetzt Kinder in eben diesem Alter vergnügt einem neuen Schultag entgegengehen. Ist es denn nicht eine Freude, solche Kinder aufwachsen zu sehen? Mitzuerleben, wie sie jeden Tag Neues entdecken, lernen, fragen, klüger werden und immer fröhlich sein wollen, wenn es auch nicht immer gelingt. Haben wir nicht viel geleistet, wenn wir ihnen einen Tag lang alles dieses ermöglicht haben und sie abends, nach einer Gutenachtgeschichte, zufrieden einschlafen?

Aber – wir können sie ja nicht bei uns behalten. Wer wird diese Kinder lehren, was wichtig und richtig ist? Wer wird diesen Kindern die Richtung weisen, wem werden sie ihr Vertrauen schenken, wem werden sie glauben? Schon liegt die Kindergartenzeit hinter ihnen, und das Abenteuer Schule hat begonnen. Bis jetzt waren es noch die Eltern, die – hoffentlich – auf alles eine Antwort gegeben haben, jetzt kommen immer mehr andere Miterzieher hinzu. Wieviel Neugier auf das Leben, wieviel Begeisterungsfähigkeit liegt in so einem Kind? Es saugt die Welt in sich hinein und kann unermeßlich vieles speichern. Wird diesen Kindern überhaupt jemand das vermitteln, was uns wertvoll ist? Wird ihnen jemand von Deutschland erzählen, erklären, was man unter dem deutschen Volk versteht? Können wir überhaupt hoffen, daß sie Lehrer und Erzieher haben werden, die sie in unserem Sinne lehren und erziehen?

Manches kann, auch in diesem Alter schon, Spuren in den Kindern hinterlassen haben, die unserer Meinung nach in die Irre führen. Da sind die Freunde – und Freunde sind doch so wichtig –, wer möchte sie den Kindern verbieten! Aber sie kommen vielleicht aus einer Familie, wo niemand für sie Zeit hat. Vielleicht sind sie geistig sehr aufgeweckt und sitzen deshalb, hungrig nach geistiger Nahrung stundenlang vor dem Bildschirm, beschäftigt mit Computerspielen oder versunken in einen Fernsehfilm. Wie bequem sind solche ›Betreuer im Kinderzimmer‹, wenn die Erwachsenen Ruhe brauchen und der ganze Sonntagnachmittag zum Beispiel verregnet ist. Rasch erleben die Kinder, daß kaum ein selbsterfundenes Spiel so spannend und perfekt ist, wie das, was sich auf dem Bildschirm ereignet. Unsere Kinder waren immer sehr betrübt, wenn ihre Freunde mitten aus dem schönsten Spiel heraus (bei uns gab es keinen Fernseher) zu irgendeiner Fernsehserie schnell nach Hause eilten.

Wenn unsere Kinder geistig in unsere Fußstapfen treten, dann werden sie es schwer genug haben, sich mit ihrer Meinung zu behaupten. Wie oft muß man sie dann beruhigen, wenn sie wütend heimkommen, weil man sie beschimpft oder ausgelacht hat wegen ihrer anderen Meinung. Uns geht es ja selbst immer wieder so, aber für Kinder ist das ungleich schwerer zu ertragen. Wie oft denken wir selbst, daß wir es viel leichter hätten, wenn wir auf dem breiten Weg der öffentlichen Meinung mitmarschieren könnten, aber unser Gewissen hindert uns daran. Dürfen wir unsere Kinder in diese Zerreißprobe schicken? Oft haben sie keine Freunde neben sich und sind mutterseelenallein. Nicht jedes Kind schafft das.

Es ist unser Kampf um die geistige Substanz, manche sagen sogar ›ein Kampf um die Seelen‹. Manchmal glauben wir, er wäre gewonnen, und dann schiebt sich auf einmal eine andere Person dazwischen, der sie mehr glauben als uns. Aber wir dürfen nicht aufgeben. Auch wenn wir geistig weit auseinander sind, wir dürfen nicht aufhören, miteinander zu reden. Wir sind nur ein guter Gesprächspartner, wenn wir vom Thema zumindest ein bißchen verstehen, und sei es Fußball, oder Drogen, oder moderne Kunst. Stellen Sie sich vor, Ihr Kind ist erwachsen und bringt einen Partner mit, der behauptet, Deutschland hätte noch viel zu wenig Wiedergutmachung geleistet oder wir müßten den Zuwanderern dankbar sein, daß sie hier alle Drecksarbeit leisten. Da bricht eine Welt für Sie zusammen. Haben Sie dafür Ihr Kind mit aller Liebe großgezogen, damit Sie sich in Ihrem Haus jetzt so etwas anhören sollen? Sie sehen, wir haben gar keine andere Wahl, als unermüdlich zu diskutieren und Überzeugungsarbeit zu leisten. Wir haben keine andere Wahl, und wenn Verwandte und Freunde, wenn fast alle gegen uns stehen.

Die Meinungsforscherin Noelle-Neumann hat diese Auseinandersetzung großartig geschildert. In ihrem Beispiel mit der Schweigespirale zeigt sie, wie jeder gern zur Mehrheit gehören möchte, denn dort, wo die Minderheit ist, dort droht Einsamkeit, Verlassenheit und letztendlich Mutlosigkeit und womöglich Aufgabe der eigenen Position. Gehört man aber zu den vielen, dann braucht man sich nicht zu verteidigen, leidet nicht unter Selbstzweifeln und genießt Anerkennung.

Ist das nicht die Gretchenfrage jeder Erziehung? Habe ich den Mut, meine Kinder zu lehren, daß man auch einmal einen Standpunkt vertreten muß, der außer der Gewißheit, daß er der richtige ist, nur Spott und Hohn einbringt?

Wer gewinnt die Jugend?

Das wichtigste Ziel unserer politischen Arbeit sollte es sein, die Jugend zu gewinnen, sonst könnte es sein, daß wir Jugend haben und Zukunft, aber beides nicht für Deutschland. Wie sieht es in der Praxis aus?

Wenn die jungen Leute die Schule verlassen, dann haben sie vor allem gelernt, daß das deutsche Volk wie kein anderes historische Schuld auf sich geladen hat. Sie haben gelernt, daß diese Schuld mit keiner anderen der Völkergeschichte zu vergleichen ist und daß sie auch von den kommenden Generationen geschultert werden muß. Das zweite, was sie gelernt haben, ist, daß man tolerant gegen jedermann sein muß, egal, was er sagt oder was er tut, ›Nulltoleranz‹ aber gegenüber denjenigen, die Gerechtigkeit für das deutsche Volk wollen. Weiterhin hat man ihnen durch die entsprechende Lektüre beigebracht, daß Deutschland am Ausbruch des Ersten und des Zweiten Weltkriegs schuld war und daß die deutschen Soldaten immer grausam, feige und charakterlos waren, die anderen edel und tapfer. Ich habe während ihrer Schulzeit unseren Kindern 100 DM versprochen, wenn sie mir einmal einen Text aus dem Unterricht mitbringen würden, in dem ein deutscher Soldat als anständig geschildert würde. Ich konnte diese 100 DM nicht auszahlen, aber die Kinder vielleicht von der Einseitigkeit ihrer Texte überzeugen.

Ferner sind die Jugendlichen nach ihrer Schulzeit im Glauben, daß Deutschland moralisch verpflichtet ist, allen hilfesuchenden Ausländern Asyl zu gewähren, und daß Kritik an dieser Praxis als ausländerfeindlich mit Kerzenmärschen und Strafverfolgung belegt werden muß.

Die Mädchen sind überzeugt, daß sie einen Beruf brauchen, und ob sie überhaupt heiraten wollen, das ist noch längst nicht klar. Kinder wollen sie haben, ganz bestimmt, aber nicht vor dreißig.

Seit kurzem wissen die Jugendlichen auch, daß Schwule und Lesben wertvolle Menschen sind, denn vor allem die Fernsehprogramme zeigen das immer häufiger.

Selbst wenn Ihre Kinder überzeugt sind, daß Sie mit Ihrer gegensätzlichen Meinung zu diesen Themen entgegen der öffentlichen Meinung in manchem recht haben, werden sie meist nicht mit Ihnen darüber diskutieren wollen, denn es ist ihnen peinlich. »Außerdem«, werden sie Ihnen sagen, »bringt es ja nichts.« Das soll heißen, Du kannst hundertmal recht haben, aber ändern kannst Du sowieso nichts, also sparen wir uns die Diskussion. Im Gegensatz zu den Jugendlichen vor zwanzig Jahren sind diese Jugendlichen nicht sehr diskutierfreudig, obwohl im Lehrplan der Schule steht, daß auf Diskussion und freie Rede viel Wert gelegt wird.

Man könnte noch vieles aufzählen, aber das Erstaunliche ist, daß viele Eltern kaum etwas davon wissen. Es interessiert sie nämlich gar nicht. Außerdem fällt man, wo immer man davon spricht, unangenehm auf.

Wie wir allerdings mit diesen jungen Leuten die Zukunft unseres Volkes sichern sollen, ist mir nicht klar. Schon wenn sie hören würden, was wir vorhaben, wäre ein wütendes Protestgebrüll die Antwort. Vielleicht könnten wir mit dem einen oder anderen unter vier Augen ein vernünftiges Gespräch führen, etwa so: »Du, hör mal, hast Du nicht Angst, daß sich Deine Kinder hier mal später wie Ausländer vorkommen werden, in Kindergarten und Schule die Deutschen in der Minderheit, in jedem größeren Ort eine Moschee, im Gemeinderat die verschiedensten Nationalitäten vertreten, kein deutsches Restaurant mehr weit und breit usw. Willst Du das?« Natürlich wird er »Nein« sagen. Und dann – was soll ich ihm empfehlen zu tun, um diese Entwicklung zu verhindern? Sie alle, die Sie hier sitzen, sagen ja, daß eine Partei, die deutsche Interessen vertritt, nicht denkbar ist, zumindest jetzt nicht. Etwa in fünfzehn Jahren, wenn eine neue Generation herangewachsen ist? Angesichts von Fernsehen, Medienmacht und Schweigespirale wird es wohl nicht mehr dazu kommen. Arme Jugend!

Und wie steht es mit der Geburtenrate?

Fragen Sie eines der jungen sympathischen Mädchen, die gerade mit ihrer Berufsausbildung beginnen, wie es sich sein weiteres Leben vorstellt, so bekommen Sie die Antwort: »Berufsausbildung zuerst, dann später heiraten vermutlich, aber nicht so bald, und irgendwann natürlich auch Kinder – nicht nur eines, aber – später. . .« Na, schön, denkt man sich, also kein Grund zur Panik, die Kinder kommen schon. . .

Und trotzdem, es werden immer weniger. Warum eigentlich? Der Bevölkerungswissenschaftler Robert Hepp sieht als Hauptursache für den Geburtenrückgang das sogenannte Aufstiegsstreben, die »streberische Gesinnung«. Der Wunsch nach sozialem Aufstieg lasse sich in unserer liberalen Demokratie mit ihrer Chancengleichheit so gut verwirklichen, wie sonst in keiner Gesellschaftsform. Hepp schreibt: »Sie können sich vorstellen, daß eine Regierung, die die Emanzipation der Kinder und Frauen aus der Familie, die Chancengleichheit durch Bildung und all die anderen Rahmenbedingungen zur Realisierung des sozialen Aufstiegsstrebens von einem Tag auf den anderen zurücknehmen würde, zumindest ideologisch inkonsistent wäre und damit unglaubwürdig würde. Selbst katholische Frauenvereinigungen weigern sich ja, einer Reform des § 218 zuzustimmen. Ich kann mir nicht vorstellen, daß sich Politiker, die sich jahrzehntelang mit der liberalen Rhetorik identifiziert haben und die zum größten Teil wohl auch subjektiv davon überzeugt sind, daß das Gemeinwohl schließlich mit dem größtmöglichen Glück möglichst vieler Einzelner zur Deckung zu bringen sei, durch die verhängnisvollen Folgen der Bevölkerungsentwicklung zu der Einsicht gelangen, daß das Grundrecht auf freie Entfaltung der Persönlichkeit mit den Interessen des Staates oder des Volkes möglicherweise auch kollidieren könnte. Das ist der springende Punkt. Der Juckpunkt im ganzen System.«

Gerade die Tüchtigkeit der jungen Leute verleitet sie also dazu, auf Kinder zu verzichten, um dafür beruflich und gesellschaftlich aufzusteigen. Haben wir das damit erreicht, daß wir ihnen jahrelang gepredigt haben, sie müßten fleißig und ehrgeizig sein, um Erfolg zu haben? Haben wir versäumt, das Leitbild ›Familie‹ auf die oberste Stufe der Erfolgsleiter zu stellen? Natürlich, je höher sie steigen, desto mehr Verpflichtungen beruflicher, gesellschaftlicher und kultureller Art nehmen ihnen die Zeit, die der Familiengründung zukommen sollte.

Sehen Sie sich in Ihrem eigenen Bekanntenkreis um. Was streben junge, intelligente Frauen an: womöglich ein Studium, weil sie im Beruf ihre Selbstverwirklichung, ihre Selbstbestätigung und die Erfüllung ihres Lebensplanes suchen. Wenn Sie sie fragen, ob sie auch heiraten wollen, eine Familie gründen, Kinder haben, so werden sie dies zwar freudig bejahen, aber zunächst einmal in einige Ferne schieben, denn sie wollen ja, vernünftigerweise, auf jeden Fall ihre Ausbildung beenden. Leider sind die meisten Studiengänge ziemlich lang und werden trotz aller Beteuerungen der Bildungspolitiker nicht kürzer, sondern eher immer länger. Hat nun eine junge Frau jahrelang studiert, so wird jeder verstehen, daß sie ihren Beruf auch ausüben will. Vielleicht heiratet sie sogar, wenn sie es nicht vorzieht, jahrelang nur ohne feste Bindung mit ihrem Partner zusammenzuleben. Warum sollten die beiden auch heiraten? Sie genießen die Freiheit, die sich ihnen bietet, in jeder Hinsicht. Während früher der Wunsch, endlich in ehelicher Gemeinschaft zusammenleben zu können, die Heiratsabsichten sehr beschleunigte, ist heute, im Zeitalter der Pille, dazu kein Grund vorhanden. Das bedenklich stimmende Symptom der zahlreichen Ehescheidungen läßt es sogar fast vernünftig erscheinen, mit der Eheschließung noch abzuwarten. Außerdem herrscht in der Gesellschaft die Meinung vor, daß ein möglichst ausgiebiges Kennenlernen vor späterer Enttäuschung schützen könne. Zwar zeigt sich, daß auch jahrelanges Zusammenleben nicht verhindert, daß die schließliche Ehe kurze Zeit später in die Brüche geht, aber daraus zieht offenbar niemand eine Konsequenz. Die würde nämlich lauten, daß es ein Unterschied ist, ob man unverbindlich nebeneinander herlebt oder ob man sich bemühen muß, ›in Freud und Leid‹ beieinander zu bleiben.

Pille und Abtreibungsfreigabe haben aus dem sonst vielleicht ersehnten Kind einen Problemfall gemacht, der fast einer Krankheit gleichkommt. Jeder gibt zu der schließlich doch eingetretenen Schwangerschaft seinen Kommentar: »Ihr wolltet doch aber noch etwas warten!« – »Na, das war aber bestimmt nicht geplant!« – »Und was ist jetzt mit dem Spanienurlaub?« – »Daß Ihr Euch das jetzt schon antut!« – »Wolltest Du nicht noch eine Zusatzqualifikation machen?« – alles nicht sonderlich ermutigend und dazu noch die ohnehin eintretenden Unbequemlichkeiten. Bei all dem säuerlichen Geschwätz ist es fast eine Kunst, sich von der Glückswoge fortschwemmen zu lassen, die nur noch Freude auf das Kind zuläßt. Wo bleibt eigentlich die moralische Unterstützung der Gesellschaft zum Kind? Wer klopft der jungen Frau auf die Schulter und sagt: »Großartig!«.

Und die Politik?

Schon 1987 erklärte die langjährige bayerische SPD-Vorsitzende und neue Familienministerin Renate Schmidt bei einer Diskussion im Bayerischen Rundfunk auf die Frage, ob die Deutschen ausstürben: »Die Frage, die Sie hier stellen, ist für mich eine, die ich an allerletzter Stelle stelle, weil dieses ist mir verhältnismäßig wurscht.«

Renate Schmid würde mit dieser Antwort leider unter vielen jungen Frauen Beifall finden, sie würden sich direkt schämen, wenn man ihnen sagen würde, daß sie mit der Entscheidung für ein Kind zum Erhalt des deutschen Volkes beitragen.

Man war erstaunt, daß im letzten Wahlkampf die Parteien plötzlich die Familie als Wahlkampfthema entdeckten. Auf einem riesigen Plakat war zu lesen, daß Frau Schröder ihrem Mann täglich beweise, wie gut sie Berufsarbeit und Familie vereinbaren könne. Die SPD versprach bei Wiederwahl, in der kommenden Legislaturperiode mit vier Milliarden Euro flächendeckend Ganztagsschulen zu errichten, des weiteren wurde eine Erhöhung des Kindergeldes von derzeit 154 auf 200 Euro in Aussicht gestellt. Familie, das ist für Gerhard Schröder, dreimal geschieden und kinderlos, der »Ort, wo Menschen unmittelbar Verantwortung füreinander übernehmen, vor allem für Kinder«. Auch CDU / CSU nannten die »Vereinbarkeit von Familienarbeit und Erwerbstätigkeit beider Eltern« als ein zentrales Ziel ihrer Familienpolitik. Das durchgängige Grundbild der »auch karriereorientierten« Mutter variierte die FDP, die mittels einer Kita-Card Ganztageseinrichtungen in Wettbewerb gegeneinander antreten sehen will. Die Grünen, denen die Familie gern als mißliebiger »Hort autoritärer Strukturen« galt, wollten gar 7 Milliarden in den Ausbau von Tagesstätten investieren. Auch die PDS versprach einen Rechtsanspruch auf Ganztagesbetreuung. Kinderbetreuung ist nun auch für unsere neue Regierung oberster Programmpunkt. Von Familie spricht allerdings niemand.

Alle Vorschläge und Versprechungen zielen auf den Wähler, der darauf wartet, daß man ihm seine Kinder, oft auch nur sein Einzelkind abnimmt, damit er und sein Partner ungehindert ihrer Berufstätigkeit nachgehen können. Sie sind aber keineswegs geeignet, den Wunsch nach einem weiteren oder mehreren Kindern zu wecken. Beruf und beruflicher Erfolg stehen meistens im Mittelpunkt des Interesses, die Mutter, die daheim bleibt und sich um ein glückliches Familienleben bemüht, findet wenig Beachtung, wenn es ihr nicht sogar peinlich ist, daß sie nur Hausfrau ist. Dabei sollte sie Unterstützung von allen Seiten erfahren; zuerst natürlich von den Volksvertretern in der Politik, die schon durch ihren Amtseid sich verpflichtet haben, alles zu tun, um dem Wohl des deutschen Volkes zu dienen. Hier ergeht Fehlanzeige. Von den derzeitigen Politikern hat noch kein einziger das Thema Bevölkerungsabnahme für erwähnenswert gehalten, geschweige denn das Thema Bevölkerungspolitik in sein politisches Programm aufgenommen. Daraus läßt sich erkennen, daß der Geburtenschwund bewußt in Kauf genommen wird, im Gegenteil, es scheint erwünscht zu sein, daß die Deutschen abnehmen, um desto mehr Zuwanderern Platz zu machen.

Sobald man dies erkannt hat, wird einem manches verständlich: Vom Abtreibungsverbrechen angefangen bis zur Anerkennung von Schwulen- und Lesbenehen ist man bereit, der Zerstörung von Familie und Ehe Vorschub zu leisten. Eine Partei, die dem nicht Einhalt gebietet, hat keinen Anspruch darauf, christlich genannt zu werden. Wir sollten nicht aufhören, darauf zu verweisen, daß eine solche Partei für einen volksbewußten Menschen unwählbar ist, und uns hüten, sie etwa ein kleineres Übel zu nennen. Wir sollten vor allem vor Jugendlichen unsere Verachtung der heuchlerischen Abtreibungsmoral vertreten und nicht müde werden, die jährlich dreihunderttausend ermordeten Kinder zu beklagen. Wenn wir zu diesem Unrecht schweigen, dürfen wir uns nicht wundern, daß Kindesmißhandlungen, Pornographie und Geringschätzung der Frau immer mehr um sich greifen und die Achtung vor der Schöpfung und hier vor allem vor dem Menschen immer mehr schwindet.

Unsere Gesellschaft mit ihrer geistigen Haltung ist wie eine Woge, die gegen den jungen Menschen anbrandet, der sich positiv für die Zukunft, für die Familie, das Kind und letztendlich für das Volk entscheiden möchte. Alles, was ihm erstrebenswert erscheint, ist durch die öffentliche Meinung negativ besetzt, herabgewürdigt, lächerlich oder zumindest für fragwürdig gehalten.

Es sind zwei Leitmotive, welche die außerhäusliche Erziehung unserer Kinder beherrschen. Zum einen, und das gilt nur für uns Deutsche, wird alles schlecht gemacht, was unser Volk betrifft: Geschichte, Leistung, Lebensrecht. Zum anderen, und das gilt für fast alle anderen Nationen auch, ist das die unheilvolle Entwicklung der linken, emanzipatorischen Pädagogik der Frankfurter Schule mit ihrer ›Kritischen Theorie‹ (bis 1933 ›marxistische Theorie‹ genannt).

Sie beinhaltet das Zerschlagen der Bindungen an Familie, Eltern, Kultur, Religion, Kirche, Volk und Staat in Umkehrung des

Extrems »Du bist nichts, Dein Volk ist alles!« in das andere Extrem »Du bist alles, und Dein Volk ist nichts!«

Dazu gehört weiterhin die Freisetzung des Sexualtriebes, die Loslösung von der Fortpflanzung und von der ›Sexualordnung Ehe‹ bei gleichzeitiger Zerschlagung von Hemmschwellen und Scham und das Befürworten der Tötung ungeborener Kinder im Mutterleib.

Die Möglichkeiten der Empfängnisverhütung triumphieren und lassen uns in eine absurde Situation geraten: Die Beitragssätze zur Rentenversicherung für 1990 betrugen 18,7%. Bei Fortdauer der aufgezeigten negativen Bevölkerungsentwicklung müßten die Beitragssätze im Jahre 2030 auf 40% oder mehr erhöht werden, um das heute bestehende Rentenniveau zu halten.

Wenn später die wenigen jungen Menschen in Deutschland die Kosten für die vielen alten Menschen nicht mehr tragen wollen, dürfte für alte Menschen ab 65 Jahren, wenn die geistig-moralische Wende weiterhin ausbleibt, die Todespille diskutiert werden.

Die Mentalität, in die wir, ohne es zu merken, hineingeglitten sind, ist höchst fragwürdig. Früher galt es als normal, eigene Kinder aufzuziehen. Heute ist derjenige ›in‹, der keine eigenen Kinder hat und sein gesamtes Einkommen seinem eigenen Wohlleben zuführt.

Eine junge Mutter mit mehreren Kindern, die es wagt, einmal über all die tägliche Arbeit zu klagen, bekommt zu hören: »Ja, da bist Du aber selber daran schuld. Warum wolltest Du auch so viele Kinder?« Oder vielleicht: »Ich verstehe auch Deinen Mann nicht, daß er Dir so etwas antut!«

Das ist also die Atmosphäre, in der die jungen Paare heute leben, ziemlich unterkühlt, finde ich, was die Ermutigung zum Kinderkriegen angeht. Da muß man schon einen abenteuerlichen Hang zum Unkonventionellen besitzen, um sich trotzdem mit Begeisterung zu mehreren Kindern zu bekennen.

Was können wir tun?

Der engagierte, französische Bevölkerungshistoriker Pierre Chaunu, schreibt: »Dieses Modell der größten Industrienation Europas, der Heimat Luthers, Bachs, Kants, Mozarts, Goethes und Beethovens, ist das Modell des stillschweigenden Todes binnen 50 Jahren, es ist das Modell des, namens der geheiligten Prinzipien des Individualismus, tatenlosen Zusehens, wie dessen maßlose Übersteigerung die Freiheit und die Person zerstört. Von solchen Daten ausgehend noch eine Selbstregulierung erwarten zu wollen, ist blanker Unsinn und schierer Wahnwitz. Ein solcher Abgrund im Herzen der Industriewelt bedeutet höchste Gefahr für Europa und die gesamte Menschheit. Nur ein sofortiges Erkennen der Gefahr und ein im Wortsinn politischer Wille kann noch diese zu unserer totalen Vernichtung geschaffene Höllenmaschine entschärfen. Es ist höchste Zeit, daß sich die deutschen Politiker vom Schatten einer Vergangenheit befreien, der sie zur Tatenlosigkeit verdammt. Sie müssen endlich erkennen, daß es eine Pflicht gibt gegenüber der nationalen Gemeinschaft und daß diese Pflicht nichts anderes erheischt, als zu überleben.«

Ausgangslage ist die eindeutige Tatsache, daß die Demographie sich heute nicht mehr selber regulieren kann. Nur eine übergeordnete Autorität hat die Chance, das Verhalten der Individuen zu ändern. Es gibt zeitgenössische Beispiele, die zeigen, daß kluge staatliche Maßnahmen ein Absinken der Geburtenzahlen durchaus auffangen können.

Ein für uns aussagekräftiges Modell ist das der beiden ehemalig getrennten deutschen Staaten, DDR und BRD. Es ist besonders interessant, weil wir es hier mit einem kulturell homogenen Gebiet zu tun haben, obschon es zwei wirtschaftlich und politisch verschiedene Regime gab. Bis 1974 verliefen die Geburtenkurven völlig parallel, obwohl die beiden Länder durch Mauer, Lebensstil und Ideologie getrennt waren.

Anfangs der siebziger Jahre erkannte die damalige politische Führung der DDR, daß mit dem Geburtenabsturz die sozialistische Gesellschaft langfristig gefährdet war. Um die Geburtenzahl wieder auf ein bevölkerungserhaltendes Niveau zu steigern, beschloß sie verschiedene Sofortmaßnahmen, die noch bis zur Wende 1989 verstärkt wurden:

• Zahlung einer einmaligen staatlichen Beihilfe von 1000 Mark für jede Geburt (bei einem Durchschnittseinkommen von 125 Mark),

- Kindergeld in Höhe von 150 Mark pro Kind,
- bezahlten Schwangerschaftsurlaub von 26 Wochen,
- einjährig bezahlte Freistellung der Mutter bei gleichzeitiger Arbeitsplatzsicherung, wenn sie das Kind selber erziehen wollte,
- Kündigungs- und Arbeitsschutz für Schwangere und Mütter mit Kleinkindern bis drei Jahren,
- kürzere Arbeitszeit für Mütter mit mehr als zwei Kindern.

Nach 1975 strebten die Kurven sehr stark auseinander: Während in der DDR 1975 bis 1980 die Geburten um 35 % zunahmen, gingen sie in der BRD weiterhin zurück, und zwar um 7 %. Dazu ist zu bemerken, daß die DDR keine Zuwanderung kannte, während die westdeutsche Fruchtbarkeit ohne Ausländerkinder um 10 % niedriger gelegen hätte. Der Unterschied ist auffällig und allein auf die sozialpolitischen Maßnahmen der DDR zurückzuführen.

Auch wenn in unserer medienregierten Demokratie ein solches Maßnahmenpaket die parlamentarischen Hürden wohl nicht nehmen würde, ist es doch somit statistisch bestätigt: Offensichtlich braucht der Mensch als soziales Wesen genaue Leitplanken, die sein Leben bestimmen – wie auch immer sie aussehen mögen.

Seit der Wende sind im übrigen die Geburtenraten der ehemaligen DDR um 50 % zurückgegangen. Dort gibt es nun Werte, die noch überhaupt nie in solch großen Gebieten beobachtet werden konnten.

Es ist ja nicht so, daß nach der Wende die Bevölkerung aufgrund eines persönlichen Denkprozesses auf mehr Kinder verzichtet hätte, sondern eher, daß mit der Freiheit die einbrechende Konsumgesellschaft sowie das einhergehende Mediensystem, die jetzt ›moralisch‹ den Ton angaben und neue ideologische Grundsätze vertraten, die Kinder grundsätzlich als Einschränkung der persönlichen Freiheit darstellten, was die Bevölkerung nachlebte. Das heutige Verhalten ist somit genauso ›sozialkonform‹ und angepaßt wie das vorhergehende – nur unter anderen Vorzeichen.

Der Staat müßte in seiner Familienpolitik zumindest kundtun, was erstrebenswert ist, nämlich eine Geburtenrate, die den Generationsersatz sichert, also etwas mehr als 2,1 Kinder pro Frau. Um dieses Ziel zu erreichen, wären mehr ›große‹ Familien nötig. Dabei genügen statistisch gesehen bereits relativ wenige Familien mit vielen Kindern, um das Gleichgewicht zu halten: So wäre es bereits ausreichend, wenn 35 von 100 Frauen drei und mehr Kinder haben. Schon wenn dies gegeben ist, könnten sich die anderen Frauen, und zwar 65 von 100 mit keinem, einem oder zwei Kindern zufrieden geben, das demographische Gleichgewicht wäre dadurch gewährleistet.

Der Staat könnte sich, wenn er die Geburten fördern will, in seiner Unterstützung auf kinderreiche Familien beschränken. Umgekehrt hieße das, Personen mit weniger oder keinen Kindern hätten entsprechend mehr an Steuern zu zahlen. Dies wäre aber nur recht und billig, denn auch die Altersrenten für Leute ohne Nachkommen werden ja ausschließlich von den Kindern anderer bezahlt. An Stelle der Singles und kinderlosen Paare haben Familien die nachkommende Generation aufgezogen und finanziert. Folglich werden kinderlose Rentner von jenen finanziell unterstützt, welche sie gar nicht aufgezogen haben.

Ebenfalls müßten die Steuervorteile der nichtverheirateten Paare vermindert werden, denn sie haben im Schnitt 10mal weniger Kinder als verheiratete.

Es gäbe manche Ansätze, um das demographische Ungleichgewicht zu korrigieren. Aber es bleibt nicht mehr viel Zeit. Das einzige Plus, das wir auf unserer Seite haben, ist die Tatsache, daß der Staat gar keine andere Wahl hat.

Aber wo sind die Politiker, die das einsehen, bevor es zu spät ist? Und vor allem – all dies dürfte nur für deutsche Staatsbürger gelten, sonst wird sich eine Sogwirkung bilden, die uns rasch noch mehr Ausländer ins Land spült. Was uns zu tun bleibt, ist Folgendes:

• Wir können über die drohende Katastrophe sprechen, und wir können aufzeigen, was noch zu tun möglich ist. Wir können vorleben, wie man sich gegen den Untergang wehren kann, und wir können anderen Mut machen, es ebenso zu tun. Viel ist es nicht, was wir tun können, aber wenigstens das sollten wir tun.

• Und wir sollten nicht aufhören, für das Glück zu werben, Kinder zu haben.

Es wäre traurig, wenn die nächste Generation erst zu spät erkennen würde, was sie versäumt hat.

Ist der Rechtsstaat am Ende ?

Heinz Flöter

I. Historischer Rückblick

Die Entwicklung der Rechtsstaatsidee verlief in vielen kleinen Schritten. Hier kann nur auf wenige Meilensteine verwiesen werden:

1555 setzten die protestantischen Fürsten den sogenannten Augsburger Religionsfrieden durch. Die Untertanen mußten aber dem Bekenntnis des Landesherren folgen.

Preußen war der erste europäische Staat, der 1608 Religionsfreiheit für alle gewährte, 1728 die Hexenprozesse und 1740 unter Friedrich dem Großen die Folter verbot. Die Richter wurden Beamte und vom Staat, nicht mehr von den Prozeßparteien bezahlt, was ihre Unabhängigkeit förderte. Auch Entscheidungen des Staates konnten jetzt gerichtlich angefochten werden.

1748 erschien *Der Geist der Gesetze* von Montesquieu (1689–1755). Montesquieu war der Vater der modernen Staatswissenschaft und begründete die Lehre der Gewaltenteilung, die seither ein tragendes demokratisches Gestaltungsprinzip ist.

1794 wurde das preußische Allgemeine Landrecht vollendet. Der Schöpfer dieser großartigen Kodifikation war Carl Gottlieb Svarez (1746–1798). Darin heißt es:»Jedem Einwohner im Staate muß eine vollkommene Glaubens- und Gewissensfreiheit gestattet werden. Niemand soll wegen seiner Religionsneigungen beunruhigt, zur Rechenschaft gezogen, verspottet oder gar verfolgt werden.« Die Sklaverei wurde im Allgemeinen Landrecht ausdrücklich verboten. Andere Staaten betrieben den Sklavenhandel nach Süd- und Nordamerika noch bis 1860. In den USA wurde die Sklaverei erst 1865, also 71 Jahre später als in Preußen, verboten. Dieser historische Sachverhalt hinderte den grünen Außenminister Fischer nicht daran, auf der Weltkonferenz gegen Rassismus in Durban (2. 9. 2001) im Namen der Bundesrepublik die Schuld für die Verbrechen der Sklaverei anzuerkennen, was nach Ansicht einiger Konferenzteilnehmer»eine der deutlichsten Demutsbezeugungen an die betroffenen Staaten, die es bislang gegeben hat«, war (*Frankfurter Neue Presse*, FNP, vom 3. 9. 2001).

1850 garantierte die preußische Verfassung unter anderem Gleichheit vor dem Gesetz (Art. 4), persönliche Freiheit (Art. 5), Unverletzlichkeit der Wohnung (Art. 6), Freiheit der Wissenschaft und Lehre (Art. 20), Recht auf Bildung, Schulpflicht (Art. 21), Meinungs- und Pressefreiheit, Zensurverbot (Art. 27), Vereinigungsfreiheit (Art. 30) und das Briefgeheimnis (Art. 33).

1871 verwirklichte die Reichsverfassung die Forderung der Paulskirche nach freien, gleichen, geheimen Wahlen und trennte die drei Säulen des Staates, nämlich die Gesetzgebung, Verwaltung und Rechtsprechung. Die Parteien und damit die Gesellschaft hatten nur Einfluß auf die Gesetzgebung, der Staat und seine Verwaltung und Rechtsprechung waren noch nicht zur Beute der Parteien geworden.

II. Staatskrise oder Parteienkrise?

Der kurze historische Rückblick hat gezeigt, daß Rechtsstaat und Demokratie nicht notwendigerweise zusammengehören und daß die rechtsstaatliche Tradition in Deutschland älter als die demokratische ist. Auch in einer Monarchie kann es bestimmende rechtsstaatliche Strukturen geben. Ich werde mich jedoch allein mit dem demokratischen Rechtsstaat beschäftigen.

Die heutige Krise hat aus der Sicht des Bürgers viele Erscheinungsformen:

- Ausgrenzung weiter Teile der Bevölkerung von der politischen Willensbildung, Verfolgung jeder fundamentalen Opposition als staats- und verfassungsfeindlich;
- Entstehung eines parteiübergreifenden Machtkartells, welches die Posten im staatlichen und halbstaatlichen Bereich personell verteilt und die politischen Inhalte bis in die Medien hinein über eine festgelegte ›Political correctness‹ bestimmt;
- Entstehung einer Feudalordnung, in der die treuen Dienste der Günstlinge mit Posten und Privilegien vergolten werden;
- Verlust der weltanschaulichen und politischen Neutralität des Staates, Politisierung der Verwaltung und Rechtsprechung;

- Entstehung einer abgeschotteten Politikerkaste, die keine Leistungselite darstellt, sondern dank Parteibuch und durch Seilschaften entstanden ist und ihre Privilegien mit allen Mitteln verteidigt;
- Abnahme der Anerkennung gegenüber dieser Kaste und der von ihr aufgestellten Spielregeln von seiten der Regierten;
- Auftreten von Korruption als Massenerscheinung auf allen politischen Ebenen, immer offenere Selbstbedienung der Politiker und Parteien;
- Schwinden eines patriotischen Engagements, Versuch, statt dessen einen ›Verfassungspatriotismus‹ an seine Stelle zu setzen, bei dem nicht mehr der Mensch und seine Würde im Vordergrund stehen, sondern ein von den Herrschenden definiertes Regelwerk.

Diese Zustände werden nur von einem kleinen Teil der Bürger in ihren politischen Zusammenhängen erkannt. Die große Masse durchschaut nur wenige Vorgänge, wird von den Medien gesteuert und wacht nur vorübergehend auf, wenn man ihr etwas wegnimmt. Ein weiterer Teil der Bürger erkennt hin und wieder, was gespielt wird, arrangiert sich aber, wenn es für den eigenen Bereich nicht zu schmerzhaft ist. Nur eine kleine Gruppe leidet unter den Verhältnissen, und noch weniger Menschen sind bereit, sich zu wehren und dagegen zu halten. Die Zugehörigkeit zu diesen Gruppen ist eine Frage des Charakters und weitgehend unabhängig von der Bildung oder der sozialen Stellung.

Die obengenannten Mißstände zeigen, daß erstens ein beispielloser Werteverfall stattgefunden hat und daß zweitens die Grenzen zwischen dem staatlichen Bereich und dem gesellschaftlichen Feld der Parteipolitik aufgehoben worden sind mit der Folge, daß der Staat zur Beute der etablierten Parteien geworden und die für die Freiheit des Bürgers so notwendige Teilung der staatlichen Gewalten weitgehend beseitigt worden ist.

Wir brauchen in der Geschichte nicht weit zurückzugehen, um Beispiele für die Verdrängung des Staates durch Parteien zu finden. Auf dem Reichsparteitag »Triumph des Willens« hatte Hitler verkündigt, nicht der Staat habe der Partei zu befehlen, sondern die Partei schaffe sich ihren Staat. Auch in den Diktaturen des

Ostblocks fiel der Partei die Rolle der politischen Führung und der Trägerin der Macht zu, der Staat hatte nur die Verwaltung durchzuführen. Es zeugt daher von wenig Scharfblick, wenn man im Dritten Reich oder in den ehemaligen Ostblockländern eine ›totalitäre Staatsgewalt‹ beklagt, denn der Staat führte dort nur ein Schattendasein. Es handelte sich vielmehr um totalitäre Parteidiktaturen.

Sind wir ebenfalls auf dem Wege dahin? Dies wollen wir anhand verschiedener Kriterien prüfen. Sehen wir uns zunächst an, wie es mit der Trennung der drei Gewalten, der Gesetzgebung, Verwaltung und Rechtsprechung, bestellt ist.

Unser heutiges System ist dadurch gekennzeichnet, daß eine Partei oder Koalition sich nicht auf die Beherrschung der Gesetzgebung im Parlament beschränkt und eine Regierung einsetzt, wobei Kanzler, Minister und Parlamentarische Staatssekretäre in der Regel gleichzeitig Abgeordnete sind. Bereits dies ist eine Verhöhnung der Gewaltenteilung. Ingo von Münch hat auf die bekannte Tatsache hingewiesen, daß Kontrolleure sich nicht selbst kontrollieren können und dürfen (*Neue Juristische Wochenschrift* NJW 1998, 35). Aber es kommt noch schlimmer. Die Regierungsparteien führen die von ihnen gemachten Gesetze durch die von ihnen mitbeherrschte Verwaltung aus und bestimmen durch Richter, die von ihnen anhand eines Proporzsystems zusammen mit anderen dem Machtkartell angehörigen Parteien ausgewählt werden, wie diese Gesetze auszulegen sind. Deshalb kann man von einem Parteienstaat sprechen, in dem die Gewaltenteilung gestört ist.

Das Argument, dies sei alles nicht so schlimm, weil die Parteien oder Koalitionen von Zeit zu Zeit in ihrer Herrschaft abgelöst werden können, sticht schon deswegen nicht, weil sich diese Parteien bezüglich der politischen Inhalte zum Verwechseln ähneln, sie langfristige Absprachen über die Postenverteilung treffen (Scheuch, *Cliquen, Klüngel und Karrieren*, S. 158) und weil das Kartell sorgfältig darüber wacht, daß neue Parteien ausgeschlossen bleiben. Auch die Existenz des Bundesrats ändert an der Gewaltenverfilzung nichts, weil er dem Einfluß der Parteien nichts Wirksames entgegensetzt, sondern für sie nur ein zusätzliches Betätigungsfeld eröffnet, wie zum Beispiel die erste Abstimmung über das Zuwanderungsgesetz 2002 gezeigt hat, welche vom saarländischen Ministerpräsidenten Müller ganz offen als Theaterveranstaltung, also als Parteientheater, bezeichnet worden ist.

Klaus Kunze weist in seinem Buch *Der totale Parteienstaat,* das man jedem empfehlen kann, der sich zu diesem Thema gründlich Gedanken machen möchte, auf die Folgen des Gewaltenfilzes und der Eroberung des Staates durch die Parteien hin. Er verweist auf eine Aussage des Staatsrechtlers Carl Schmitt (S. 45). Ich zitiere:»Die über alle Staatsangehörigen ausgeübte Staatsgewalt findet ihre innere Rechtfertigung darin, daß dieser Staat tatsächlich allen Bürgern Schutz und Rechtsfrieden nach innen und außen gewährleistet. Identifiziert sich aber eine Teilgruppe oder Partei einseitig mit dem Staat und erobert seine Schaltstellen, so grenzt sie damit die anderen Gruppen oder Minderheiten aus und definiert sie als nicht zum Staat gehörende Feinde: als Ketzer oder Staatsfeinde, als Volksschädlinge, Klassen- oder Verfassungsfeinde. . . Wo aber der Staat von einer formierten gesellschaftlichen Gruppe erobert ist und den anderen Gruppen den inneren Frieden verweigert, entfällt für diese jeder rechtfertigende Grund, sich einer solchen Parteiräson zu beugen und ihrerseits den inneren Frieden zu halten.«

Wollte man auch noch die Verletzungen rechtsstaatlicher demokratischer Prinzipien auf der Ebene der EU schildern, so würde dies den Rahmen dieser Arbeit sprengen, denn die europäischen Gremien unterliegen keiner ausreichenden demokratischen Kontrolle, insbesondere fehlt eine Gewaltenteilung und eine Transparenz der dort maßgebenden politischen Einflüsse für den Bürger. Und auch dort hieven die Parteien ihre Anhänger in die wichtigen Positionen. So haben zum Besipiel die Grünen seinerzeit damit gedroht, Johannes Rau nicht zum Bundespräsidenten zu wählen, falls sie nicht von der SPD, wie in der Koalitionsvereinbarung vom Oktober 1998 abgesprochen, das Benennungsrecht für einen EU-Kommissar in Brüssel erhielten. Doch bleiben wir bei den Verhältnissen in Deutschland. Hier stellt sich immer deutlicher die Frage:

III. Neutraler Rechtsstaat oder Wertegemeinschaft?

Aus dem Grundgesetz ergibt sich unmittelbar eine Werteordnung. In Artikel 3 GG wird z.B. die Gleichheit vor dem Gesetz festgeschrieben und gefordert, daß niemand wegen seines Glaubens oder seiner politischen Anschauungen benachteiligt oder bevorzugt werden darf. Wie ich noch belegen werde, sind wir jedoch weit davon entfernt, daß diejenigen, welche die Macht haben, diese Verpflichtung im politischen Alltag ernst nehmen. Außerdem zeigt sich zunehmend die Tendenz, sich nicht aus dem Grundgesetz ergebende, auf einem ideologischen Vorverständnis beruhende Werte für allgemeinverbindlich zu erklären, wenn dies der eigenen Machterhaltung dient. Der Sinn der Verfassung verändert sich, wenn die Wertordnung nicht mehr aus dem vorgegebenen Inhalt des Grundgesetzes abgeleitet wird, sondern aus Interpretationen, die in Ideologien oder politischen Interessen verwurzelt sind.

An dieser Stelle muß deshalb kurz der Frage nachgegangen werden, ob der demokratische Rechtsstaat eine Wertegemeinschaft sein soll oder darf. In konservativen Ohren klingt dieses Wort zunächst wohlgefällig, und niemand wird bestreiten, daß ein Wertekonsens für das reibungslose Zusammenleben von Menschen wichtig ist. Sogar Tony Blair hat gefordert, daß die NATO in Zukunft nicht mehr Territorien, sondern gemeinsame Werte verteidigen solle. Aber welche Werte sind gemeint?

Große Vorsicht ist hier angesagt. Wenn ein Staat verbindliche Werte vorgibt, so stellt sich zunächst die Frage, wer diese Werte definiert. Aber unabhängig davon bleibt festzustellen, daß eine Staatsideologie, eine Diktatur politischer Überzeugungen auf dem Boden des Grundgesetzes nicht errichtet werden darf. Der Bürger hat das Recht, nach seinen eigenen Werten zu leben, solange er sich im Rahmen der Gesetze bewegt. Wie das Bundesverfassungsgericht dargelegt hat, sind die Bürger »rechtlich nicht gehalten, die Wertsetzungen der Verfassung persönlich zu teilen. Das Grundgesetz baut zwar auf der Erwartung auf, daß die Bürger die allgemeinen Werte der Verfassung akzeptieren und verwirklichen, erzwingt die Werteloyalität aber nicht. Die Bürger sind daher auch frei, grundlegende Wertungen der Verfassung in Frage zu stellen, solange sie dadurch Rechtsgüter anderer nicht gefährden. Die plurale Demokratie des Grundgesetzes vertraut auf die Fähigkeit der Gesamtheit der Bürger, sich mit Kritik an der Verfassung auseinanderzusetzen und sie dadurch abzuwehren.« (BVerfG 24. 3. 2001, NJW 2001, 2069).

Fast täglich erleben wir, wie mit staatlichen Machtmitteln, etwa dem unter der Regierung Kohl geschaffenen Volksverhetzungsparagraphen oder mit Versammlungsverboten, gegen Meinungen vorgegangen wird, die ganz offensichtlich nicht gegen die Verfassung verstoßen. Dies zeigt sich zum Beispiel in der Zuwanderungsdebatte. Jede Ablehnung unbegrenzter Einwanderung wird gleichgesetzt mit Fremdenhaß, Gewalt gegen Ausländer oder Rassismus. Auf diese Weise wird durch Stigmatisierung und Ausgrenzung eine öffentliche Diskussion über die Einwanderung unterdrückt, die in einem demokratischen Rechtsstaat selbstverständlich sein sollte, aber von den Regierenden nicht gewollt ist. Vor Wahlen, also dann, wenn die Diskussion über wichtige politische Fragen besonders gründlich geführt werden müßte, wird zwischen den Parteien bestimmt, welche Themen sich ›nicht für den Wahlkampf eignen‹. Bereits diese Tatsache rechtfertigt es, von einem Parteienkartell zu sprechen, denn ein Kartell ist gekennzeichnet durch gemeinsame Politik und durch Absprachen, welche den Wettbewerb untereinander beschränken. Es fällt auf, daß es immer die für die Zukunft unseres Volkes besonders wichtigen Themen sind, wie Einwanderung, Asyl, Maastricht, Euro, Osterweiterung und Abtreibung, welche ausgeklammert werden. Am liebsten würde man diese Diskussionen auch von den Stammtischen verbannen, wenn man dort die Lufthoheit hätte. Das Parteienkartell bestimmt mit Hilfe der von ihm kontrollierten Medien, worüber nach den Regeln der politischen Korrektheit gesprochen werden darf und worüber nicht. Wenn die Möllemänner und Schills gegen diese Regeln verstoßen, dürfen sie nicht mehr mitspielen.

Auch wenn Toleranz gefordert wird, sei man auf der Hut! Schaut man näher hin, geht es den Rufern nicht darum, Meinungen anderer zu respektieren, sondern um das an alle gerichtete Gebot, die eigene Überzeugung mit der politischen Korrektheit zur Deckung zu bringen. Toleranz soll es nur innerhalb der politisch korrekten Bandbreite geben. Abweichende Meinungen werden heute von denen, welche die Definitionsmacht haben, mit Intoleranz gleichgesetzt und höchst intolerant verfolgt.

Wer immer Werte definiert, muß der Versuchung widerstehen, damit Macht auszuüben und nur seine Interessen zu verteidigen. Dies schaffen nur große Persönlichkeiten, die zur Zeit schwer auszumachen sind. Im Berliner Regierungsviertel sind sie noch nicht auffällig geworden.

IV. Grundprinzipien der freiheitlichen demokratischen Grundordnung und die deutsche Wirklichkeit

Das Bundesverfassungsgericht hat die grundlegenden Prinzipien der freiheitlichen demokratischen Grundordnung definiert als eine Ordnung, »die unter Ausschluß jeglicher Gewalt- und Willkürherrschaft eine rechtsstaatliche Herrschaftsordnung auf der Grundlage der Selbstbestimmung des Volkes nach dem Willen der jeweiligen Mehrheit und der Freiheit und Gleichheit darstellt. Zu den grundlegenden Prinzipien dieser Ordnung sind mindestens zu rechnen: die Achtung vor den im Grundgesetz konkretisierten Menschenrechten, vor allem vor dem Recht der Persönlichkeit auf Leben und freie Entfaltung, die Volkssouveränität, die Gewaltenteilung, die Verantwortlichkeit der Regierung, die Gesetzmäßigkeit der Verwaltung, die Unabhängigkeit der Gerichte, das Mehrparteienprinzip und die Chancengleichheit für alle politischen Parteien mit dem Recht auf verfassungsmäßige Bildung und Ausübung einer Opposition« (BVerfGE 2, 12; 5, 199 (206)).

Wer wollte dem nicht zustimmen? Prüfen wir, wie weit einzelne Merkmale der freiheitlichen demokratischen Grundordnung heute verwirklicht werden.

1. Selbstbestimmung und Volkssouveränität

Von der Selbstbestimmung des Volkes nach dem Willen der Mehrheit war nichts zu spüren, als durch den Vertrag von Maastricht und die nachfolgenden Vereinbarungen ohne Befragung des Souveräns, nämlich des deutschen Volkes, Macht und Souveränität auf europäische Gremien übertragen wurden. Dies geschah gegen den in vielen Meinungsumfragen festgestellten Willen der Mehrheit des deutschen Volkes. Die gleiche Entmündigung fand bei der Einführung des Euro und der doppelten Staatsbürgerschaft sowie bei der Abstimmung über das Zuwanderungsgesetz statt. Dem Einwand, daß das Grundgesetz keine Volksabstimmung, sondern nur die Repräsentation durch die Abgeordneten kennt, muß man entgegenhalten, daß eine entsprechende Änderung des Grundgesetzes jederzeit möglich wäre. Die Väter des Grundgesetzes konnten sich 1949 nicht im Traum vorstellen, in welchem Umfang heute staatliche Souveränität und Gestaltungsbefugnis an unkontrollierbare und unkontrollierte überstaatliche Institutionen abgegeben werden und daß durch Regierungsakte die Zusammensetzung des deutschen Volkes, von dem im Grundgesetz mehrfach die Rede ist, grundlegende Änderungen erfährt. Letztere bezeichnet man heute schamhaft als »strukturelle« Veränderungen (Georg Paul Hefty in einem Leitartikel der *FAZ* vom 21. 10. 2002). Für solche Fälle fundamentaler Veränderungen muß eine rechtsstaatliche demokratische Ordnung den Volksentscheid vorsehen. Selbst ein Kaninchenzüchterverband benötigt für eine grundlegende Änderung seiner Vereinsstruktur die Zustimmung einer qualifizierten Mehrheit seiner Mitglieder.

2. Die Gewaltenteilung und die Unabhängigkeit der Gerichte

Ich habe schon darauf hingewiesen, daß die Trennung von Gesetzgebung und Verwaltung sowie die Unabhängigkeit der Gerichte bedroht sind, weil die Bundestagsparteien den Staat in ihren Besitz genommen und diese Gewalten mit ihren Parteigängern durchdrungen haben.

Unter der Überschrift »Parteisoldaten(innen) in Robe« liest man in der juristischen Fachpresse: »Tatsächlich haben die Parteien, die den Staat ungeniert als Selbstbedienungsladen betrachten, ihren Zugriff längst auf die dritte Gewalt ausgedehnt – und mit einem Ausschließlichkeitsanspruch für das Bundesverfassungsgericht. SPD und Unionsparteien besetzen in jedem der beiden Senate jeweils drei Posten mit Richtern ihrer Couleur – das sind schon sechs von acht. Die restlichen beiden Planstellen in jedem Senat sind nach gängiger Praxis für ›neutrale‹ Juristen reserviert, was aber nicht viel besagt, da immer einer von der Union und der andere von der SPD benannt wird; der Kandidat darf nicht Parteimitglied sein, ist in der Regel aber ein ›Sympathisant‹. Schließlich tritt die große Regierungspartei, lange Zeit die Union, eine Richterstelle an den jeweiligen Koalitionspartner ab.« (Lamprecht, in: *NJW* 1999, 2011).

In den Bundesländern werden die Verfassungsgerichte aus berufs- und aus nebenberuflichen Richtern gebildet. So zählt zum Beispiel der Bayerische Verfassungsgerichtshof 38 Mitglieder. Der Präsident und die 22 berufsrichterlichen Mitglieder werden vom Landtag, also von den Parteien gewählt. Die 15 restlichen Mitglieder wählt ebenfalls der Landtag nach den Grundsätzen des Verhältniswahlrechts.

Auch die Besetzung der Richterposten am Bundesgerichtshof (BGH) erfolgt nicht ohne politisches Gerangel. Die Wellen schlugen wieder einmal hoch, als 2001 die Entscheidung des Richterwahlausschusses zu Gunsten zweier Bewerber ausfiel, die der Präsidialrat des BGH als fachlich ungeeignet abgelehnt hatte. Kommentar in der Fachpresse: die Politiker hätten wieder einmal ihre »unqualifizierten Günstlinge« versorgt (*NJW* 2001, 1838).

Der Deutsche Beamtenbund sah sich zu der Kritik veranlaßt, das Parteibuch sei heute entscheidender als Qualifikation und Leistung. Die »zunehmende Parteibuchwirtschaft und Ämterpatronage seien ein nicht hinnehmbares Krebsgeschwür des öffentlichen Dienstes«. (*FNP* vom 7. 2. 2001)

Schließlich hat auch der bekannte ehemalige OLG-Präsident Wassermann die zunehmende Ämterpatronage durch die politischen Parteien als verfassungswidrig bezeichnet, weil Artikel 33 Grundgesetz jede Bevorzugung oder Benachteiligung wegen politischer oder weltanschaulicher Anschauungen verbietet (*NJW* 1999, 2330).

Der Tatbestand ist also klar erkannt. Es darf wohl bezweifelt werden, daß jemand, der von einer politischen Partei in ein hohes Richteramt befördert wird, sofort bei Amtsantritt vergißt, welcher politischen Einstellung und welcher Partei er seine Beförderung zu verdanken hat, und daß er umgehend zu einem parteipolitischen Neutrum wird, so daß seine Entscheidungen nur noch die dünne juristische Höhenluft atmen. Bei der Entscheidung des Bundesverfassungsgerichts über das Zustandekommen des »Zuwanderungsgesetzes« konnten beispielsweise die beiden rot-grün geprägten Richterinnen Lübbe-Wolff und Osterloh einen Verfassungsverstoß von Herrn Wowereit nicht erkennen.

3. Die Gesetzmäßigkeit der Verwaltung

Die Verwaltung handelt verfassungswidrig, wenn sie Grundrechte der Bürger verletzt. Die Meinungsfreiheit ist ein Grundrecht von fundamentaler Bedeutung. Es ist deshalb zu begrüßen, daß das Bundesverfassungsgericht mit sehr deutlichen Worten klargestellt hat, daß die Meinungs- und Versammlungsfreiheit auch für ›Rechte‹ gilt.

Seit Jahrzehnten erleben wir dasselbe Spiel: Wird eine Versammlung der Rechten angekündigt, so unterbrechen die sattsam bekannten demokratischen Tugendwächter ihre Toleranzpredigten und rufen zu Gegenaktionen auf. Dies ist dann Anlaß für die Verwaltung, die ›rechte‹ Veranstaltung zu untersagen, und zwar entweder mit dem Argument, daß die öffentliche Sicherheit und Ordnung (die ja in diesen Fällen allein von den ›linken‹ Gegnern bedroht wird) nicht gewährleistet werden könnten und daher ein polizeilicher Notstand vorliege, oder daß zu erwarten sei, daß vom Veranstalter der zuerst angemeldeten Versammlung Rechtsverstöße zu befürchten seien. Außerdem kommt es regelmäßig zur Verweigerung von Räumen, die im Eigentum der öffentlichen Hand sind. Die Gerichte haben in einer Vielzahl von Fällen entschieden, daß dieses Verhalten der Verwaltung gegen das Grundrecht der Meinungs- und Versammlungsfreiheit verstößt. Aber wir leben in einem Staat, in dem zwar das falsche Parken oder nicht geduldete historische Auffassungen gnadenlos verfolgt werden, in dem aber klare Verfassungsverstöße durch Amtsträger des Staates nicht nur nicht bestraft, sondern von den Parteien und Medien öffentlich gefordert und gelobt werden.

Das Bundesverfassungsgericht hat in mehreren Entscheidungen festgestellt, daß die grundgesetzlich garantierte Versammlungs- und Meinungsfreiheit für keine Gruppierung eingeschränkt werden dürfe, auch nicht für sogenannte ›Rechtsextreme‹, ohne daß sehr schwerwiegende, von den Behörden zu beweisende Gründe vorliegen, etwa Verstöße gegen Strafgesetze. Artikel 5 GG gelte auch für die Beurteilung von Meinungen, die grundlegenden sozialen und ethischen Anschauungen einer Vielzahl von Menschen entgegengesetzt sind. Nur mit rechtsstaatlichen Mitteln dürften Gefahren für Demokratie und Rechtsstaat abgewehrt werden. Die bei Gegendemonstrationen zum Ausdruck kommende Gewalt von ›links‹ sei keine verfassungsrechtlich hinnehmbare Antwort auf eine Bedrohung der rechtsstaatlichen Ordnung von ›rechts‹. Drohten Gewalttaten von Gegendemonstranten, so sei es Aufgabe der Polizei, in unparteiischer Weise auf die Verwirklichung des Versammlungsrechtes hinzuwirken. (BVerfG 18. 8. 2000, in: *NJW* 2000, 3053; BVerfG 14. 7. 2000, in: *NJW* 2000, 3051; Pressemitteilung des BVerfG Nr. 40/2001 vom 12. 4. 2001; *FNP* vom 26. 8. 2000)

Diese Entscheidungen, wonach auch Meinungen den Schutz des Grundgesetzes genießen, die für etablierte Ohren ungewohnt sind oder unschön klingen, waren überfällig. Niemand bestreitet den Parteien das Recht, sich mit anderen politischen Gruppierungen zu streiten. Jedoch hat dies in einem demokratischen Rechtsstaat auf der Ebene einer innergesellschaftlichen Auseinandersetzung ohne Einsatz staatlicher Macht- und Steuermittel zu erfolgen. Die alltägliche Praxis zeigt jedoch, daß die Parteien ihren Machterhalt um so stärker durch Einschränkung der Meinungsfreiheit und durch Denkverbote mit staatlichen Mitteln abzusichern versuchen, je geringer ihre Überzeugungskraft wird. Die politische Korrektheit wird mit immer stärker werdendem Druck überwacht und eingefordert. Arnulf Baring, der in der *FAZ* vom 19. 11. 2002 dazu aufgerufen hat, daß die Bürger gegen das erstarrte Parteiensystem auf die Barrikaden gehen sollten, hat in einem Vortrag darauf hingewiesen, die ›Political Correctness‹ sei Überbleibsel der früher in Deutschland erlebten Diktaturen und gleichzeitig Vorläuferin einer möglichen, aber diesmal von ›links‹ kommenden Diktatur. Er hat aber übersehen, daß die ›Political Correctness‹ eine Krankheit ist, deren Verbreitung sich nicht auf Deutschland beschränkt. Sie grassiert überall, wo Friedmänner, Becksteins und Thierses das Sagen haben.

Der Aufstand der selbsternannten ›Anständigen‹ schlug seit dem Bombenanschlag an der S-Bahnhaltestelle in Düsseldorf (Sommer 2000) in Pogromhetze um. Als die Ermittlungen keinerlei Material gegen ›rechts‹ ergaben und seitdem stillschweigend versandet sind, erfolgte der Brandanschlag auf die Synagoge in Düsseldorf vom 3. 10. 2000. Als sich herausstellte, daß die Täter, ein Jordanier und ein Marokkaner mit deutschem Paß, für den ›Aufstand der Anständigen‹ nichts hergaben, erklärte Schröder im Fernsehen, entscheidend sei, daß diese Tat auch von der deutschen Rechten hätte begangen werden können. Wie sagt doch der Patriarch in Lessings *Nathan der Weise*? »Tut nichts, der Jude wird verbrannt!«

Am 23. 11. 2000 begann die Inszenierung von Sebnitz. Die *Bild-Zeitung* schrieb: »Neonazis ertränken Kind. Am hellichten Tag im Schwimmbad. Keiner half. Und eine ganze Stadt hat es totgeschwiegen... 50 Neonazis überfielen den kleinen Joseph. Schlugen ihn, folterten ihn mit einem Elektroschocker, dann warfen sie ihn ins Schwimmbecken, ertränkten ihn. Fast 500 Besucher waren an jenem Tag im ›Spaßbad‹. . .Viele hörten seine Hilferufe, keiner half. . .« Schröder empfing die Mutter, eine sozialdemokratische Stadträtin aus Sebnitz, der damalige sächsische Ministerpräsident Biedenkopf eilte nach Sebnitz und verdächtigte rechte Skinheads, ein Mensch namens Pfeiffer, der damals als designierter nieder-sächsischer Justizminister gehandelt wurde, schrieb ein Gutach-ten, aber die sogenannten Zeugen wurden mit jeder Aussage un-glaubwürdiger. Dann platzte die Aktion endgültig, als Gutachter bestätigten, daß der bedauernswerte Junge nicht ertrunken ist, sondern durch Herzstillstand, den sog. Badetod, umkam. *Bild* ent-schuldigte sich am 26. 7. 2001, jedoch nicht bei den verdächtigten ›Neonazis‹, die es offensichtlich nicht gab, sondern bei den Bür-gern von Sebnitz.

Immer wieder wurden seitdem die ›Rechten‹ für Taten verant-wortlich gemacht, die sie nicht begangen haben oder bei denen jeder politische Hintergrund fehlt. Es hat sich bis zu jungen Asyl-bewerbern aus fernen Ländern herumgesprochen, daß man mit erlogenen Nazi-Überfällen hierzulande sehr erfolgreich in die Medien kommt und hinterher äußerst milde Richter findet (vgl. *Bayernwald Echo* vom 10. 10. 2002).

Die Manager des ›Aufstands der Anständigen‹ sind alles ande-re als zufrieden. Der Rechtsextremismus oder das, was sie dafür halten, ist in ihren Augen zu ihrem großen Bedauern seit dem 11. September 2001 und der Irak-Krise aus dem Bedrohungsszenario der Bundesbürger verdrängt worden. Aber die Steuergelder flie-ßen weiter. Allein die ›CIVITAS‹, eine Organisation der Bundes-regierung für die Bekämpfung der Rechten in Mitteldeutschland, erhielt im Jahre 2002 45,5 Millionen Euro. Mit diesen Steuergel-dern werden Hunderte von Projekten staatlich gefördert. Hinzu kommen die Stiftungen ›Amadeu-Antonio‹ mit ihrem Schirmherrn Wolfgang Thierse, die ›Stiftung Demokratische Jugend‹ und das ›Zentrum Demokratische Kultur‹ (*Junge Freiheit*, 15. 11. 2002), ›Enti-mon‹, ›Xenon‹ und viele andere. Eine Gruppe von CDU-Abgeord-neten hat in einer Fragestunde im Bundestag am 12. 2. 2003 der Regierung sehr peinliche Fragen über die Verwendung von Steu-ermitteln und über die Arbeitsweise der Antifa-Agitatoren gestellt.

Zweck all dieser unter Mißbrauch staatlicher Mittel und unter

Bruch der staatlichen Neutralitätspflicht geförderten Propagandaaktionen, deren Weiterführung mit Sicherheit erwartet werden muß, ist es, den Meinungsdruck gegen alles, was ›rechts‹ ist, zu erhöhen, um damit die Meinungsführerschaft der ›Linken‹ zu stärken, rechtsstehende Persönlichkeiten auszugrenzen und zu stigmatisieren und Druck auf die CDU auszuüben, sich weiter nach links zu orientieren, was von dieser in gewohnter Zuverlässigkeit vollzogen wird.

Wortschatz und Differenzierungsvermögen der ›anständigen Gutmenschen‹ bewegen sich auf bescheidenem Niveau. Die antifaschistische Anhängerschaft soll offensichtlich nicht geistig überfordert werden. Die Begriffe ›Rechtsextremismus‹, ›Ausländerfeindlichkeit‹, ›Rassismus‹, ›Fremdenhaß‹ (worunter bereits jede Kritik an der Zuwanderungspolitik fällt) und die offenbar als identisch angesehenen Begriffe ›Nazismus‹ und ›Faschismus‹ werden als Totschlagvokabel benutzt, ohne daß auch nur der Versuch einer sachlichen Begründung gemacht wird. »Wer Jude ist, bestimme ich!«, soll einmal jemand gesagt haben, aber der sollte kein Vorbild sein. Ist es denn wirklich gänzlich uninteressant, daß Hitler sich nie als ›Rechter‹ bezeichnet hat, daß Goebbels sich ausdrücklich als ›links‹ einstufte und daß der Widerstand des 20. Juli 1944 überwiegend von rechten Konservativen erfolgte, für die man heute Kränze niederlegt, die aber alle im Verfassungsschutzbericht stehen würden, falls sie noch lebten?

Man mag einwenden, daß die Herrschenden zu allen Zeiten zum Zweck der Machterhaltung ihre Definitionsmacht zur Verfolgung der Opposition mißbraucht haben. Jahrhundertelang wurden Ketzer verfolgt und zu Hunderttausenden umgebracht, unter Robespierre starben diejenigen unter der Guillotine, die seiner Vorstellung von revolutionärer Tugend nicht entsprachen, in den roten Diktaturen wurden Konterrevolutionäre und Saboteure zu Millionen liquidiert, und wer im Dritten Reich alles verfolgt wurde, erfahren wir mehrmals täglich in den Medien. Aber die Entschuldigung, solche Verfolgungen habe es schließlich immer gegeben, läßt außer acht, daß unser Grundgesetz doch wohl eine freiheitliche und demokratische Grundordnung schaffen wollte, in der Andersdenkende nicht mit staatlichen Mitteln bekämpft werden von Leuten, die sich obendrein noch als Wächter des Rechtsstaates feiern lassen. Die Meinungsfreiheit kann logischerweise nur die Freiheit des Andersmeinenden sein.

4. Die Chancengleichheit aller Parteien, das Recht auf Opposition und der Verfassungsschutz

Politische Parteien sind auf Grund ihrer Aufgabenstellung am Meinungsbildungsprozeß beteiligt und Grundrechtsträger bezüglich des Rechts auf Meinungsfreiheit. Sie sind nach Artikel 21 Grundgesetz fundamentaler Bestandteil der freiheitlichen demokratischen Grundordnung. Ob sie nach Auffassung irgendwelcher Zeitgenossen oder Behörden verfassungsfeindlich oder verfassungswidrig sind, ist rechtlich völlig belanglos, solange sie nicht vom allein zuständigen Bundesverfassungsgericht ausdrücklich für verfassungswidrig erklärt worden sind. Die politische Praxis sieht allerdings anders aus.

Die Behauptung, eine außerhalb des Parteienkartells stehende Links- oder Rechtspartei sei verfassungsfeindlich oder verfassungswidrig, gehört für alle etablierten Parteien längst zu den üblichen Mitteln politischer Auseinandersetzung. Auch dieses abgestimmte Verhalten kennzeichnet diese Parteien als Kartell. Mit dieser Diskriminierung erreichen sie die Ausgrenzung der Konkurrenzpartei, sie brauchen sich mit ihr nicht mehr sachlich auseinanderzusetzen, der Neuling wird zur ›Pfui-Partei‹ erklärt, man erreicht damit, daß keine Zusammenarbeit bis in den kommunalen Bereich hinunter stattfindet, man unterbindet jeden politischen Einfluß, so daß diese ›Pfui-Partei‹ dem Bürger auch keine Erfolge vorzuweisen hat und damit als bloße Nein-Sager-Protest-Partei abgestempelt werden kann, und man trocknet sie personell aus, weil sich nur Leute zu ihr bekennen können, welche eine Märtyrerrolle akzeptieren oder die nichts zu verlieren haben und nicht auf soziale Bindungen oder Anfeindungen Rücksicht zu nehmen brauchen.

Gelingt es auf diese Weise, die ›Pfui-Partei‹ bei Wahlen unter der 5 Prozent-Grenze zu halten, dann feiert das Kartell dies einstimmig als Sieg der wehrhaften Demokratie. Auch gegenüber den Grünen wurde diese Taktik anfangs angewandt, bis es diesen mit Hilfe ihrer Anhänger in den Medien gelang, das Sperrfeuer zu überwinden und in das Kartell aufgenommen zu werden. Seitdem helfen sie bei der Ausgrenzung oppositioneller Parteien fleißig mit. Auch die PDS hat in einigen Bundesländern die Aufnahme in den geschlossenen Club der Etablierten geschafft. Selbst der Vorsitzende der CSU-Landesgruppe im Bundestag, Glos, kann sich eine Koalition der Union mit der PDS vorstellen (*FNP* vom 29. 10. 2001).

Bleiben also die Rechtsparteien als ›Pfui-Parteien‹ im engeren Sinne übrig. Was hilft es zum Beispiel den Republikanern, daß das Bundesverfassungsgericht entschieden hat, sie seien nicht verfassungsfeindlich und eine Betätigung ihrer Funktionäre verstoße nicht gegen Beamtenpflichten? Die Stigmatisierung ist längst perfekt.

Das Verbotsverfahren gegen die NPD ist zum Skandal geworden, nachdem bekannt oder, besser gesagt, bestätigt wurde, in welchem Ausmaß diese Partei von Agenten des Verfassungsschutzes unterwandert ist. Anders kann man sich ihr Erscheinungsbild in der Öffentlichkeit auch nicht erklären. Wenn Schily und Beckstein immer wieder behaupten, ihre Agenten in den Führungsstellen der Partei würden lediglich Informationen weitergeben, aber nicht das Handeln der Partei im Sinne des Verfassungsschutzes beeinflussen, so ist dies eigentlich eine Beleidigung des Bürgers, der offenbar als grenzenlos dumm angesehen wird.

Diese infame Art der politischen Auseinandersetzung mit einer außerhalb des Kartells stehenden Opposition funktioniert deswegen, weil die angegriffene Partei keine Möglichkeit besitzt, ihrerseits vor dem Bundesverfassungsgericht feststellen zu lassen, daß sie nicht verfassungsfeindlich oder verfassungswidrig ist, wobei derjenige die Beweislast hätte, der die Behauptung aufgestellt hat. Sie besitzt nach dem BVerfG-Gesetz kein Antragsrecht für eine Klage. Wenn hingegen einem Bürger Verfehlungen nachgesagt werden, so kann dieser jederzeit durch Widerrufsklage oder negative Feststellungsklage jeden zum Schweigen bringen, der unbeweisbare Behauptungen in Umlauf bringt. Eine Antragsbefugnis der angegriffenen Partei vor dem Bundesverfassungsgericht würde die vom Grundgesetz geforderte Chancengleichheit herstellen und die politische Kultur in unserem Lande über Nacht verbessern. Es wäre eines Versuchs wert, die Verfassungsmäßigkeit des BVerfG-Gesetzes vor dem Bundesverfassungsgericht und notfalls auch vor dem Europäischen Gerichtshof insoweit überprüfen zu lassen.

Als williges Werkzeug im Kampf um die Machterhaltung der etablierten Parteien hat sich der Verfassungsschutz erwiesen. Ein

Verfassungsschutzpräsident ist politischer Beamter, der in »fortdauernder Übereinstimmung mit den grundsätzlichen politischen Ansichten und Zielen einer Regierung stehen soll und des politischen Vertrauens der Regierung bedarf« (*FAZ* 7. 2. 2001). Gibt es ein wichtigeres »grundsätzliches politisches Ziel« als den Machterhalt?

Nach dem Bundesverfassungsschutzgesetz hat der Verfassungsschutz sein Augenmerk auf Bestrebungen gegen die freiheitliche demokratische Grundordnung zu richten. Dazu gehören nach § 4 Absatz 2 BVerfSchG das Recht auf Bildung und Ausübung einer parlamentarischen Opposition und die Ablösbarkeit der Regierung. Gemessen an diesen Aufgaben ist der Verfassungsschutz selbst eine große Gefahr für die freiheitliche demokratische Grundordnung, denn seine Tätigkeit ist im wesentlichen darauf gerichtet, nicht das Grundgesetz, sondern die aus dem Ruder gelaufene Verfassungswirklichkeit zu schützen und jede gegen die etablierten Parteien aufkommende parlamentarische oder außerparlamentarische Opposition zu bekämpfen.

Erinnern wir uns an einen klassischen Fall: Als Brunner am 23. 1. 1994 die Gründungsversammlung des ›Bundes Freier Bürger‹ in Weimar ankündigte, hat der thüringische Innenminister und damit der oberste Verfassungsschützer Schuster (CDU) in der *Thüringischen Landeszeitung* behauptet, die damals erst geplante Partei sei »weitaus gefährlicher als... Republikaner und NPD«. Er werde die Gründungsversammlung beobachten lassen, könne die Parteigründung aber nur verhindern, »wenn in Weimar konkret verfassungswidrige Ziele formuliert werden« (C. Gillessen, in: *FAZ* vom 19. 1. 1994, zit. nach K. Kunze, *Der totale Parteienstaat*, S. 63).

Es spricht ebenfalls Bände, wenn der ehemalige CDU-Innensenator von Berlin und Bundestagsabgeordnete a. D. Heinrich Lummer, zu dem man stehen mag, wie man will, im NRW-Verfassungsschutzbericht 2001 eindeutig identifizierbar als ›rechts‹ erwähnt wird, nachdem er seinen politischen Standort in diese Richtung geändert hat.

Ein Vorgehen mit rechtlichen Mitteln gegen diese Verunglimpfungen ist äußerst schwierig. Die *Junge Freiheit* setzt sich gegen politische Verleumdungen im NRW-Verfassungsschutzbericht zur Wehr. Es wäre ein wichtiger Schritt in Richtung Rechtsstaat, wenn sie erfolgreich wäre. Eine Immunisierung der Bürger wird wohl erst erfolgen, wenn die sogenannten ›Verfassungsschützer‹ als parteiisch – im wahrsten Sinne des Wortes – durchschaut sind und das ganze Gezeter nach dem Vorbild der 68er mit einem millionenfachen ›Scheißegal‹ beantwortet wird.

IV. Politik mit dem Strafgesetzbuch

»Deutschland ist ein ordentliches Land. Gut ist alles, was nicht böse ist. Böse ist alles, was rechts ist. Wer sich daran hält, kann reden, was er will. . . Darin sieht nur der einen Verstoß, der nicht versteht, daß nur rechts das Böse ist, es links aber höchstens ein Zuviel des Guten gibt«, schrieb Ekkehard Fuhr in der *FAZ* vom 2. 5. 1995. Was liegt also näher, als das Böse nicht nur politisch, sondern auch mit der Waffe des Strafgesetzbuches zu bekämpfen?

Die Politisierung des Strafrechts ist nicht neu. Ein Gesinnungsstrafrecht wurde im Dritten Reich durch das »Gesetz zur Änderung des Strafgesetzbuches vom 28. 6. 1935« eingeführt. In § 2 heißt es: »Bestraft wird, wer eine Tat begeht, die das Gesetz für strafbar erklärt oder die nach dem gesunden Volksempfinden Bestrafung verdient. Findet auf die Tat kein bestimmtes Strafgesetz unmittelbar Anwendung, so wird die Tat nach dem Gesetz bestraft, dessen Grundgedanke auf sie am besten zutrifft.«

Ein weiteres abschreckendes Beispiel finden wir in Artikel 6 der Verfassung der DDR vom 7. 10. 1949. Dort werden unter anderem »Boykotthetze gegen demokratische Einrichtungen und Organisationen... militaristische Propaganda und Kriegshetze« als Verbrechen im Sinne des Strafgesetzbuches bezeichnet. Wer hiernach bestraft wurde, durfte weder im öffentlichen Dienst noch in leitenden Stellen im wirtschaftlichen und kulturellen Leben tätig sein, er verlor das aktive und passive Wahlrecht.

Dieses Gesinnungsstrafrecht ist eine moderne Form der Ächtung, also der Aussonderung von Menschen aus der Gemeinschaft. Der unter der Regierung Kohl neugeschaffene Volksverhetzungsparagraph 130 StGB bestraft in seinen wichtigsten Teilen eine abweichende Gesinnung und das Jahr für Jahr in vielen Fällen. Was wird den Tätern zur Last gelegt? Sie haben irgend etwas ›geleugnet‹ oder ›verharmlost‹ oder gewisse Zahlen öffentlich ›bezweifelt‹. Eine Ächtung ergibt sich von selbst aus der Zerstörung der gesellschaftlichen Stellung des Betroffenen.

Die ideologische Ausrichtung von § 130 StGB wird schon dadurch deutlich, daß zwar bestimmte Teile der Bevölkerung vor Diskriminierung geschützt werden, nicht aber die Deutschen selbst. »Deutschland verrecke« oder »Nie wieder Deutschland« darf ungestraft verbreitet werden. Wer gleiches gegen andere Personengruppen oder Staaten äußern würde, wäre sofort ein Fall für den Strafrichter. Sieht so die Gleichheit vor dem Gesetz aus?

Einen Tag, nachdem die Medien die Verurteilung des ›rechten‹ Liedermachers Rennicke in 1. Instanz durch das Amtsgericht Böblingen wegen eines Heimatvertriebenenliedes nach § 130 StGB gemeldet haben, wurde eine Entscheidung des Bundesverfassungsgerichts veröffentlicht, in der es um ein Lied der ›linken‹ Gruppe Slime aus Hamburg ging. Der Refrain des Liedes lautet: »Deutschland muß sterben, damit wir leben können, Deutschland verrecke, damit wir leben können.« Das Bundesverfassungsgericht hat die Verurteilung des Sängers nach § 90a StGB aufgehoben und die Sache zurückverwiesen mit der Bemerkung, es handele sich um Kunst und die Rockgruppe wolle mit dem Refrain »ein Lebensgefühl von Fremdheit und Hoffnungslosigkeit in aggressiver Zuspitzung« vermitteln. Im Lichte der Meinungsfreiheit dürfe »der Schutz des Staates und seiner Symbole nach § 90a StGB nicht zu einer Immunisierung des Staates gegen Kritik und selbst gegen Ablehnung führen« (BVerfG v. 3. 11. 2000, NJW 2001, 596). Rennicke ist jedoch inzwischen auch in 2. Instanz verurteilt worden.

Der Kölner Journalist Manfred Rouhs wurde wegen Verunglimpfung des Staates (§ 90 a StGB) zu 2000.- DM Geldstrafe verurteilt, weil er die Bundesrepublik eine »Bananenrepublik« genannt hatte, eine Bezeichnung, die man in letzter Zeit des öfteren lesen oder hören konnte. Der *Spiegel* zeigte in Heft 12/2002 den Titel: »Die Schmiergeldrepublik« in Schwarz-Rot-Gold und eine Ölkanne, auf der eine Euromünze mit Bundesadler abgebildet war. Aber Staatsanwälte lesen den *Spiegel* offensichtlich nicht, auch nicht die *Welt am Sonntag,* die am 17. 3. 2002 den Titel »Die korrupte Republik« brachte, womit offensichtlich Deutschland gemeint war.

Das Böse steht eben nur ›rechts‹. Diesen Eindruck sollen auch die in kurzen Abständen veröffentlichten Kriminalstatistiken vermitteln. Die Zahl der »rechtsextremistisch orientierten Straftaten« soll dem Bürger das Gruseln lehren. Dabei besteht der weit überwiegende Teil dieser Straftaten aus sogenannten ›Propagandadelikten‹, etwa aus der Verwendung von Kennzeichen verbotener Organisationen. Nun bekommen wir zwar wöchentlich mehrmals im Fernsehen Hakenkreuz-Standarten zu sehen, aber dies ist kein Propagandadelikt, denn es geschieht zu einem volkspädagogisch guten Zweck. Ich teile die Meinung, daß diese Fahnen nicht in unser Straßenbild gehören, allerdings sollte das Verbot von Propagandadelikten nicht wie heute üblich ausschließlich gegen ›rechts‹ angewendet werden. Die geballte linke Faust und die ›Internationale‹ waren Symbole der 1956 verbotenen KPD, deren Verwendung wäre nach dem gleichen Recht unter Strafe zu stellen, sehr zum Leidwesen der SPD, der Gewerkschaften und der PDS. Das Links-Rechts-Verhältnis in der Kriminalstatistik würde sich wesentlich verändern.

V. Was tun? Ironische und ernstgemeinte Vorschläge

Verfassungsrecht und Verfassungswirklichkeit weichen im heutigen Deutschland voneinander ab. Sollte man das Grundgesetz so ändern, daß es mit dem real existierenden System übereinstimmt? Dies wäre die eine Möglichkeit. Hierzu einige Vorschläge zur Ergänzung des Grundgesetzes, die zwar nicht ernstgemeint sind, aber die Situation verdeutlichen.

Artikel 1: Die demokratischen Rechte gelten nur für Demokraten. Wer Demokrat ist, bestimmen die Demokraten.

Artikel 2: Jeder hat das Recht auf freie Entfaltung seiner Persönlichkeit und auf freie Meinungsäußerung, solange er sich im Rahmen der ›Political Correctness‹ bewegt.

Artikel 3: Die Freiheit des Gewissens und des weltanschaulichen Bekenntnisses sind unverletzlich. Deshalb sind rechtsgerichtete Bestrebungen aller Art verfassungswidrig und verboten.

Artikel 4: Jeder darf die veröffentlichte Meinung äußern und verbreiten. Darüber hinaus findet eine Zensur nicht statt.

Artikel 5: Die allgemeinen Regeln des Völkerrechts sind Bestandteil des Rechtes der Bundesrepublik Deutschland, soweit sie nicht deutsche Ansprüche begründen.

Artikel 6: Vorbereitung und Führung von Angriffskriegen – außer solchen, die sich gegen Schurkenstaaten richten – sind verfassungswidrig. Wer zu den Schurkenstaaten gehört, bestimmt der Präsident der USA.

Artikel 7: Die Parteien wirken im Sinne des von den Medien gebildeten Willens oder Unwillens. Sie müssen austauschbar sein und der Kontrolle von Michel Friedman unterstehen.

Doch nun zu einigen ernstgemeinten Vorschlägen, deren Verwirklichung Deutschland ein gutes Stück auf dem Weg zum demokratischen Rechtsstaat voranbringen würde.

Der schuldhafte Verfassungsbruch durch staatliche Amtsträger wird strafbar und verpflichtet zu Schadenersatz.

Schuldhafte Verschwendung von Steuergeldern wird ebenso bestraft wie Steuerhinterziehung.

Gegen den Vorwurf der Verfassungsfeindlichkeit oder Verfassungswidrigkeit steht den betroffenen Personen, Parteien oder Vereinen die Möglichkeit der Feststellungsklage vor dem Bundesverfassungsgericht zu. Die Beweislast trägt derjenige, der den Vorwurf erhoben hat.

In das Versammlungsgesetz wird eine Bestimmung aufgenommen, wonach Gegenveranstaltungen nicht am selben Ort und zur selben Zeit stattfinden dürfen wie die Versammlung, gegen die sie sich richten. Die Behinderung des Rechts der Meinungs- und Versammlungsfreiheit ist unter Strafe zu stellen und schadenersatzpflichtig zu machen.

Der Ehrenschutz im Presse- und im Medienrecht ist zu verstärken. Bei unwahren Behauptungen oder Ehrverletzungen mit Tatsachenkern steht dem Betroffenen ein Widerrufs- und Schmerzensgeldanspruch gegen die Medien zu, wenn die Behauptung nicht auf Anforderung des Betroffenen unverzüglich von demjenigen bewiesen wird, der sie aufgestellt hat. Die Höhe des Schmerzensgeldes richtet sich nach der Schwere der Verletzung und der Auflagenhöhe oder der Einschaltquote. Der Streitwert, aus dem sich die Prozeßkosten errechnen, wird so weit begrenzt, daß der Bürger nicht durch ein übermäßiges Kostenrisiko von der Verfolgung seiner Rechte abgehalten wird.

Die Behinderung des Vertriebs von Presseerzeugnissen und

Drucksachen aus politischen Gründen ist strafbar und verpflichtet zu Schadenersatz. Weigert sich ein Zeitungshändler, ein Presseerzeugnis zu vertreiben, so muß er beweisen, daß keine Diskriminierung aus politischen Gründen vorliegt. Ein solcher Kontrahierungszwang besteht bisher schon beispielsweise bei der Personenbeförderung, er ist wegen des hohen Stellenwertes der Pressefreiheit wie vorgeschlagen auszudehnen.

Der Schutzbereich des Volksverhetzungsparagraphen 130 StGB ist in der Weise zu erweitern, daß auch alle Deutschen sowie abgrenzbare Teile wie etwa Angehörige der Wehrmacht oder der Bundeswehr geschützt werden.

VII. Schlußgedanken

Ob wir einen Rechtsstaat haben oder nicht, hängt nicht davon ab, wer wen verfolgt. Es wäre kein Ausweg, einfach die Vorzeichen in der Weise auszuwechseln, daß aus den Verfolgten von heute die Verfolger von morgen und aus den Verfolgern von heute die Verfolgten von morgen werden. Wenn man daran glaubt, daß allein der demokratische Rechtsstaat dem Bürger den Schutz, die Freiheit und den Frieden gibt, auf den er Anspruch hat, dann muß man die rechtsstaatlichen Grundsätze als solche verteidigen.

Der Rechtsstaat ist in Gefahr, weil Rechtsgrundsätze gegenüber bestimmten Gruppen systematisch verletzt werden und nicht mehr gleiches Recht für alle Opfer und Täter gilt. Vereinzelte Fehlentscheidungen, die als Pannen unterlaufen, sind nicht das Problem. Es geht um die organisierte Diffamierung, Ausgrenzung und Verfolgung mißliebiger Menschen. Wer dies in der Überzeugung tut, der Zweck der Machterhaltung heilige die Mittel, steht nicht auf dem Boden der Verfassung. Wer dies in dem Glauben tut, er werde dafür nie zur Rechenschaft gezogen, kann sich irren, wie die Geschichte lehrt. Macht dauert nicht ewig, auch dies war in der Geschichte schon immer so. Wie ein bedeutender Franzose es gefordert hat, wollen wir bedingungslos zur Verfassung stehen und darauf verzichten, von den derzeit Herrschenden geliebt zu werden.

Meinungsfreiheit
und politische Korrektheit

Dr. Claus Nordbruch

Die Berliner Republik ist im Begriff, sich ihren ganz persönlichen Platz in der Geschichte zu sichern: Die Staatsschulden haben einen in der deutschen Geschichte absoluten Höchststand erreicht, das Sozial- und Gesundheitssystem bricht in sich zusammen, die Anzahl der Firmenpleiten setzt jedes Jahr neue Rekorde, die Arbeitslosigkeit ist so hoch wie seit Anfang der dreißiger Jahre nicht mehr, bezüglich Wirtschaftswachstum bildet sie das europäische Schlußlicht, die Kriminalität wird immer brutaler und erreicht in jeder Hinsicht erschreckende Ausmaße, die Einwanderung von Menschen aus fremden Kulturkreisen nimmt eine Größenordnung an, die die Demographie des Landes verändert, immer mehr Gemeinden, Städte, Kreise und Länder melden Konkurs an – und zu guter Letzt ist das Bildungsniveau ›unter aller Sau‹.

Wobei wir eigentlich schon beim Thema wären, denn nicht nur unter politischen, soziologischen oder wirtschaftlichen Gesichtspunkten ist diese Republik mit einem gewaltigen Fragezeichen zu versehen. Geht man davon aus, daß Bildung und Meinung, ähnlich wie Wein und Rebe, zusammengehören und sich gegenseitig bedingen und daß für den Menschen das Bilden und Äußern einer eigenen Meinung ebenso wie der soziale Umgang oder die tägliche Nahrungsaufnahme zur Grundlage eines freien und würdigen Lebens gehören, dann sieht es auch in kultureller Hinsicht mit dieser Republik wahrlich armselig aus! Bekanntlich ist die gründliche Information, das Recht auf Meinungsempfang, der erste Schritt zu einer eigenen Meinung, die wiederum das Ergebnis eines rationalen Denkvorganges ist. Ihre Qualität steht und fällt mit dem Grad zusammen, wie weit die Informationsmöglichkeit beschränkt oder unbeschränkt ist. Was heißt das? Ein kontrolliertes Erlangen von Meinung, also Denkvorgaben, Tabuvorschriften, Bücherverbote usw., beschneidet die Möglichkeit auf eine wirklich fundierte Meinungsbildung. Genau dies geschieht in dieser Republik.

71

Das intellektuelle Leben in der Bundesrepublik Deutschland kann nur als einseitig, als gesteuert, keinesfalls aber im philosophischen Sinne als frei gelten. Ein Blick in die täglichen Quasselrunden bestätigt dies. Ich spreche hier natürlich nicht von Bundestagsdebatten, sondern selbstverständlich von sogenannten ›Talkshows‹: Selbst in ernst zu nehmenden Gesprächsrunden sitzen meistens nur Leute zusammen, die ohnehin mehr oder weniger alle dieselbe Meinung vertreten und über Dritte herfallen, die vorsorglich erst gar nicht eingeladen werden und sich folglich auch nicht wehren können.

Ich stelle die These auf: Die Geistesfreiheit findet hierzulande ihr jähes Ende, sobald sie mit dem Fundament, auf dem dieser Staat aufgebaut ist, zusammenstößt. Dieses Prinzip der Zensur, die mit der Politischen Korrektheit, also mit der Diktatur von Tabus und Denkschablonen, Hand in Hand geht, ist die wesentliche Ursache dafür, daß man hierzulande über gewisse Sachen nicht spricht, nicht sprechen darf, daß hierzulande unliebsame Meinungsäußerungen kriminalisiert und diejenigen Personen, die trotzdem sie zu äußern wagen, denunziert oder sogar strafverfolgt und zu gewaltigen Geld- und langjährigen Haftstrafen verurteilt werden. Die Geistesfreiheit in der Berliner Republik verläuft nur in den erlaubten Bahnen und nach streng vorgegebenen Richtlinien. Sie können sich vorstellen, daß ich mir mit einer solchen These nicht nur Freunde schaffe.

Ein Professor für Buch- und Verlagswesen in München schrieb mir vor einigen Jahren, daß von Textzensur in Deutschland nicht die Rede sein könne, denn jeder könne entsprechend »unserer Verfassung« reden und schreiben, was er wolle. Wenn von Zensur geredet werden könne, dann allenfalls von einer »Verhinderung des Disqualifizierten« – ohne daß mir der Gelehrte natürlich erklärt hätte, wer aufgrund welcher Qualifikation das Recht habe, eine Meinung von vornherein als untauglich zu erklären und ihre Äußerung zu verhindern. Auch der Politologe Hans-Adolf Jacobsen meinte mir gegenüber, die praktizierte Meinungsäußerungsfreiheit in der Bundesrepublik Deutschland durch eine geradezu abenteuerliche Behauptung belegen zu können:»Nach wie vor gibt es in Deutschland für fast jede Richtung ein Organ, in dem unter anderem die unsinnigsten Behauptungen aufgestellt werden können.« Na und? Selbst wenn dem so wäre – in einem freiheitlichen Staat kann es doch nicht darum gehen, den größten Mist sagen und den dämlichsten Schwachsinn schreiben zu dürfen! Nein, ein freiheitlicher Staat ist durch den Grad gekennzeichnet, inwieweit es möglich ist, eine kritische Haltung gegenüber anderen Meinungen – auch und erst recht gegenüber der gängigen Lehrmeinung – vertreten und frei äußern zu können, *ohne* dafür Repressalien ausgesetzt zu sein. Die Praxis lehrt indessen, daß genau dies in der Berliner Republik nicht möglich ist.

Der Grund hierfür liegt meiner Meinung nach vor allem im Fundament, auf dem diese Republik aufgebaut wurde. Dieses Grundgerüst ist im wesentlichen von zwei elementaren Prinzipien gekennzeichnet: zum einen die Anerkennung der alleinigen Schuld Deutschlands am Ausbruch des Zweiten Weltkrieges, zum anderen die Anerkennung des millionenfachen Mordes größtenteils rassisch Verfolgter während des Dritten Reiches.

Dieses Grundprinzip entstammt nicht meiner Phantasie, sondern ist immer wieder von Repräsentanten dieses Staates oder seinen führenden Intellektuellen hervorgehoben worden. Der Politikwissenschaftler Prof. Dr. Theodor Eschenburg beispielsweise hatte die bundesdeutsche Basis, auf die der westdeutsche Staat nach dem Krieg aufgebaut wurde, wie folgt formuliert: »Die Erkenntnis von der unbestrittenen und alleinigen Schuld Hitlers ist vielmehr eine Grundlage der Politik der Bundesrepublik.« Auch der Publizist Sebastian Haffner teilte diese Ansicht. Wer am heutigen Status quo rüttele, so behauptete diese Ikone der Umerziehung, der bedrohe gar die Grundlagen des europäischen Friedens. In seiner Bundestagsrede vom 9. November 1988 bekannte Bundestagspräsident Philipp Jenninger, daß sich alle politischen Fragen in der Bundesrepublik Deutschland »im vollen Bewußtsein um Auschwitz« drehten. Wenige Jahre später pflichtete der ehemalige Landgerichtspräsident Rudolf Wassermann dieser Feststellung bei: »Wer die Wahrheit über die nationalsozialistischen Vernichtungslager leugnet, gibt die Grundlagen preis, auf denen die Bundesrepublik Deutschland errichtet worden ist, [und] der rüttelt auch an den Grundfesten des Selbstverständnisses dieser Gesellschaft.« Joschka Fischer, der bereits 1987 im *Spiegel* »Auschwitz als Staatsräson« bezeichnet hatte, erklärte 1999 als Bundesaußenminister: »Alle Demokratien haben eine Basis, einen Boden. Für Frankreich ist das 1789. Für die USA die Unabhängigkeitserklärung. Für Spanien der Spanische Bürgerkrieg. Nun, für Deutschland ist das Auschwitz. Das kann nur Auschwitz sein. Die Erinnerung an Auschwitz, das ›Nie-mehr Auschwitz‹, kann in meinen Augen das einzige Fundament der neuen Berliner Republik sein.«

Dieses Fundament, auf dem die Bundesrepublik Deutschland errichtet wurde, ist längst zum allgemeinen Dogma geworden, ist mittlerweile der wesentliche Faktor überhaupt für die Entscheidung, ob eine Meinung hierzulande frei vertretbar, sprich strafrechtlich unbedeutend ist oder aber gegen diese beiden Grundsätze verstößt und somit nicht unter den Schutz der Meinungsfreiheit fällt.

Seine gesetzliche Verankerung erfuhr dieses Fundament im Jahre 1994, als das Bundesverfassungsgericht entschied, daß diejenigen, die die sogenannte ›Auschwitz-Lüge‹ ganz oder teilweise in Frage stellen, durch die grundgesetzlich garantierte Meinungs-(äußerungs)freiheit nicht länger geschützt würden. Gemäß diesem Gesetz, dem § 130 Abs. 3 StGB, heißt es ausdrücklich, daß mit Freiheitsstrafe bis zu fünf Jahren oder mit Geldstrafe derjenige bestraft wird, der eine unter der Herrschaft des Nationalsozialismus begangene Handlung [›Völkermord‹] öffentlich oder in einer Versammlung billigt, leugnet oder verharmlost. Mit Hilfe des Strafrechts wurde also nichts weniger getan, als die gängige Geschichtsauffassung in dieser Republik als absolut festzuschreiben. Diese fragwürdige Gesetzgebung stieß auf heftige Kritik. Die nach *Amnesty International* zweitgrößte Menschenrechtsorganisation der Welt, *Human Rights Watch*, kommentierte 1995 diesen Entscheid mit den Worten: »Die Gerichtsentscheidung schränkt auf übertriebene und unangebrachte Weise das geschützte Recht auf Meinungsfreiheit ein.« Auch der *Süddeutschen Zeitung* waren die sich aus diesem Gesetz ergebenden beträchtlichen Einschränkungen für die Wissenschafts- und Meinungsfreiheit nicht verborgen geblieben. Am 8. Oktober 1998 hieß es dort mit Recht, daß es absurd sei, wenn der Staat festschreibe, für welche Meinungen die Meinungsfreiheit gelte. »Genau dies tut er aber im neuen Paragraphen 130 III StGB. Der Gesetzgeber gibt historische Tatsachen wieder und verbietet bei Strafe nicht nur, sie zu leugnen, sondern auch, sie anders zu bewerten.«

Wenn ein Staat glaubt, mit dem Strafrecht Meinungen festlegen zu müssen, dann bekämpft er die geistige Freiheit seiner Bürger! Der ›Wahrheitsparagraph‹, wie dieser Absatz im Strafgesetzbuch vom Volksmund ganz treffend bezeichnet wird, bedeutet nichts weniger als die staatlich verordnete Beschneidung der geistigen Auseinandersetzung. Der Staat behindert damit die freie politische Willensbildung, was des Menschen des 21. Jahrhunderts unwürdig ist.

Um Mißverständnissen oder gar bösen Unterstellungen vorzubeugen: Ich bin, und das möchte ich frei nach Martin Walser bekennen, der Auffassung, daß man als Vertreter eines Kulturvolkes über Auschwitz überhaupt nicht zwei Meinungen haben *kann*. Kein ernst zu nehmender Zeitgenosse bezweifelt die geschichtliche Tatsache, daß Juden im Dritten Reich entrechtet und verfolgt worden sind. Wer sich mit dem Thema Judenverfolgung in Deutschland vor über 60 Jahren kritisch auseinandersetzt, muß in einem freiheitlichen Rechtsstaat aber untersuchen dürfen, was glaubwürdig, was unglaubwürdig oder was technisch gar unmöglich ist. Wenn Strafgesetze die historische Forschung zu diesem ungeheuren Komplex verbieten oder sie unmöglich machen, wenn Sachverständige bei Strafandrohung nicht aussagen dürfen, wenn wissenschaftlich fundierte Bücher indiziert, verboten oder gar eingestampft – ja selbst verbrannt! – werden, dann komme ich als selbständig denkender Mensch aber zwangsläufig zu der Vermutung, daß die Beschuldigungen, die Deutschland so unendlich schwer belasten, einer Nachprüfung ganz offensichtlich nicht standhalten.

Diese Auffassung wird von immer mehr Menschen geteilt. Entsprechend rigoros werden Bücher verboten und ihre Verfasser, darunter auch Wissenschaftler, strafrechtlich verfolgt, falls sie zu anderen Erkenntnissen kommen, als die gängige Geschichtsschreibung vorschreibt. Sie selbst kennen viele solcher Beispiele: 1979 beispielsweise wurde das Buch *Der Jahrhundert-Betrug* des amerikanischen Akademikers Prof. Arthur Butz mit einer unwissenschaftlichen Begründung lieber indiziert, als sich mit seinen Behauptungen sachlich auseinanderzusetzen. Dr. Wilhelm Stäglichs Buch *Der Auschwitz-Mythos* wurde verboten und eingezogen und obendrein dem promovierten Juristen der akademische Titel aberkannt – pikanterweise griff man hierbei auf ein immer noch gültiges Gesetz aus dem Dritten Reich zurück. Aufsehen erregten die Umstände der angeordneten Streichungen wesentlicher Absätze aus dem Werk *Geschichte der Deutschen* des Erlanger Historikers Prof. Dr. Hellmut Diwald. Obgleich Diwald persönlich keines seiner geschriebenen Worte zurücknahm, ließ der Verlag die nachfolgenden Ausgaben durch Dritte überarbeiten und die der gängigen Lehrmeinung entgegenstehenden Absätze ändern. Andere Beispiele der Zensur und der Meinungsmanipulation verbinden sich mit dem Schicksal des deutschen Oberstudienrats Günter Deckert in seiner Tätigkeit als Übersetzer, oder dem des amerikanischen Journalisten John Sack, oder dem des ehemaligen Wissenschaftlichen Direktors am Militärgeschichtlichen Forschungsamt in Freiburg, Dr. Joachim Hoffmann, oder auch dem des beinahpromovierten Chemikers Germar Rudolf.

Auch das fragwürdige richterliche Urteil gegen das Ehepaar Ute und Frank Rennicke gehört in diese Sparte: Bekanntlich wird dem Liedermacher vorgeworfen, in seinem *Lied der Heimatvertriebenen* ausländerfeindlich und damit volksverhetzend agiert zu haben. Rennicke zufolge sei angesichts des Geburtenschwundes, der Überalterung und zeitgleichen Abnahme des deutschen Volkes bei gleichzeitiger Zunahme des Ausländeranteils der Fortbestand des deutschen Volkes gefährdet. Für die Behörden ist ein solches Bekenntnis natürlich ›ein gefundenes Fressen‹. Allerdings warnt auch der Bevölkerungswissenschaftler Prof. Herwig Birg zu diesem brisanten Thema immer wieder in sehr ähnlichem Tenor. Birg hat die Öffentlichkeit sogar vor den verheerenden Wirkungen der gängigen bundesdeutschen Einwanderungspolitik eindringlich gewarnt. In einem Interview in der *Welt* Anfang des vorletzten Jahres mahnte der Wissenschaftler: »Wir denken immer, wenn wir von Integration sprechen, an eine ›deutsche‹ Mehrheitsgesellschaft, in die eine Minderheit zu integrieren ist. Es kommt aber genau umgekehrt. In den Großstädten kippt bei den Untervierzigjährigen schon ab 2010 das Mehrheitsverhältnis Deutscher zu Zugewanderten. Integration bedeutet dann: Wie integriere ich mich als Deutscher in eine neue Mehrheitsgesellschaft aus Zugewanderten? Davon steht kein Wort in den Zuwanderungspapieren.« Drohen Professor Birg nun wie Frank Rennicke auch 15 Monate Haft wegen ›Volksverhetzung‹?

Wie viele Beispiele soll ich Ihnen vorlegen, um die Nichtexistenz von Geistesfreiheit hierzulande zu belegen?

1. In die Mühlen der Zensur geriet Mitte der neunziger Jahre der unter dem Pseudonym Jan van Helsing schreibende esoterische Publizist Jan Udo Holey. Im März 1996 wurden seine beiden Bände *Geheimgesellschaften und ihre Macht im 20. Jahrhundert* bundesweit beschlagnahmt, nachdem sie bereits zwei Jahre bzw. ein dreiviertel Jahr auf dem Büchermarkt frei erhältlich gewesen waren. In beiden Büchern setzt sich der Autor unkonventionell mit Fragen der Grenzwissenschaften auseinander und versucht, mittels Ausleuchtung von Hintergründen darzustellen, was seiner Meinung nach auf dem Planeten Erde geschieht und noch geschehen wird. So behandelt er unter anderem Fragen bezüglich vielfältiger Theorien zur Aura des Menschen, über UFOs, Hohlwelt und Aids, auch bezüglich verdächtiger Aktivitäten verschiedener Geheimbünde von den Illuminaten über den Ku Klux Klan bis hin zur Thule-Gesellschaft, strittiger Phänomene wie Freie Energie und Reinkarnation, fragwürdiger Machenschaften gewisser Geheimdienste sowie historischer und metaphysischer Persönlichkeiten von Kaspar Hauser bis Karl Marx, Jesus Christus bis Adolf Hitler. Ein zugegebenermaßen kaum überschaubares und wohl kaum politisch korrektes publizistisches Betätigungsfeld. Das ist aber noch nicht verboten! Der Grund für die Beschlagnahme seiner Bücher und die darauf unvermeidliche Strafverfolgung war, wie könnte es anders sein, Verdacht auf Antisemitismus und natürlich ›Volksverhetzung‹.

2. 1997 wurden aufgrund der richterlichen Anordnung des Amtsgerichts Tübingen von der Kriminalpolizei beim Hohenrain-Verlag die letzten noch greifbaren Exemplare des 1994 erschienenen Gedenkbandes *Hellmut Diwald – sein Vermächtnis für Deutschland, sein Mut zur Geschichte* beschlagnahmt und der weitere Vertrieb verboten. Es ist hervorzuheben, daß das über 540 Seiten starke Buch 40 Beiträge von 33 angesehenen Vertretern der Geschichtswissenschaft, Politologie, Soziologie, Wirtschaft, Journalistik, der Kirchen, des Rechtswesens und des Deutschen Bundestages enthielt. Als Begründung für die Beschlagnahme und das Verbot wurde angeführt, daß in einem Satz in einer in lateinischer Sprache gehaltenen Fußnote des Beitrages von Prof. Dr. Robert Hepp der Holocaust geleugnet und damit nach Ansicht des Tübinger Amtsgerichts der Tatbestand der Volksverhetzung erfüllt werde. Die abstrusen Beschuldigungen konnten zwar nicht aufrechterhalten werden – einige Monate später wurde das Strafverfahren gegen Hepp durch die Staatsanwaltschaft Oldenburg eingestellt. Der angerichtete Schaden für die Geistesfreiheit konnte damit jedoch nicht mehr behoben werden.

3. Im Januar 2000 gab der stellvertretende Direktor des ›Hannah-Arendt-Instituts für Totalitarismusforschung‹ in Dresden, Dr. Uwe Backes, eine im Grunde genommen selbstverständliche Äußerung von sich: »Mehr als 50 Jahre danach muß es möglich sein, daß die nachgeborenen Generationen im wissenschaftlichen Disput nüchtern und sachlich auch unkonventionelle Fragen aufwerfen. Junge Wissenschaftler müssen heiße Eisen aufgreifen dürfen.« Offensichtlich dürfen sie das hierzulande nicht: Der Direktor des Instituts, Klaus-Dietmar Henke, bezeichnete den Politikwissenschaftler Backes als »Geschichtsrevisionisten« – was ein Schimpfwort sein soll. Henke rückte Backes in die Nähe von ›Rechtsradikalen‹ und betrieb dessen Entlassung, die – o Wunder – aufgrund des Eingreifens von Sachsens Kultusminister Matthias Rößler jedoch verhindert werden konnte.

4. Bände spricht auch die Verurteilung des deutsch-australischen Leiters des vor allem im Weltnetz aktiven revisionistischen ›Adelaide Instituts‹, Dr. Friedrich Töben, der vor drei Jahren während eines freiwilligen Besuches bei der Staatsanwaltschaft Mannheim wegen ›Volksverhetzung‹ verhaftet wurde, worauf Töben entgegnete: »Wenn ich jemanden verletze, weil ich mich mit meinen zum Teil schroffen und ehrlichen Fragen im Ton vergreife, möchte ich mich dafür entschuldigen. Wenn ich jedoch jemanden verletze, weil ich politisch inkorrekt bin und unbequeme Fragen stelle, dann nehme ich für mich den Grundsatz der Redefreiheit in Anspruch, diese Dinge zu sagen.« Nach siebenmonatiger Untersuchungshaft und der Entrichtung einer Kaution von 6000 DM entschied das Bundesverwaltungsgericht, daß künftig im Ausland eingerichtete Internetseiten, die in der Bundesrepublik Deutschland geöffnet werden können (welche können eigentlich nicht geöffnet werden?), als Inlandseiten angesehen würden und die Be-

treiber dementsprechend nach bundesdeutschem Strafgesetz verfolgt werden können.

5. Im Herbst 2001 kam es auf der Verbandstagung des Landesverbandes Thüringen des ›Bundes der Vertriebenen‹ zum Eklat. In seiner Rede meinte der Vorsitzende Dr. Paul Latussek, daß »die Lügen über Katyn, Jedwabne und die Aussagen über die Opfer in Auschwitz« nicht länger zu halten seien. »In Auschwitz gab es offensichtlich keine 6 Millionen Opfer, sondern, wie ich in Polen erfahren habe, sind 930 000 nachgewiesen.« Mit dieser Äußerung ging es Latussek natürlich *nicht* um die Relativierung eines Verbrechens, sondern um geschichtliche Wahrheit. Die Konsequenzen, die diese Äußerung jedoch nach sich zogen, sprechen für den Grad der in der Berliner Republik herrschenden Geistesfreiheit: Der thüringische Ministerpräsident Bernhard Vogel erklärte in vorauseilendem Gehorsam: »Wer Auschwitz leugnet, wer Auschwitz relativiert, kann kein Gesprächspartner der Thüringer Landesregierung sein.« Das mag natürlich stimmen, nur an welcher Stelle seiner Aussage hat Latussek ›Auschwitz‹ geleugnet? Natürlich an keiner, trotzdem erklärte die Präsidentin des ›Bundes der Vertriebenen‹, Erika Steinbach, umgehend, daß die Äußerungen Latusseks »unerträglich und völlig indiskutabel« seien – warum eigentlich? Die deutschen Heimatvertriebenen stünden aus Überzeugung an der Seite der Opfer des Nationalsozialismus. Hatte Latussek diese Richtlinie mit seiner Äußerung in Zweifel gezogen? Natürlich nicht, trotzdem leitete die Staatsanwaltschaft Erfurt ein Verfahren wegen Verdachts auf Volksverhetzung ein. Latussek mußte von seinem Amt zurücktreten. Jüngsten Pressemeldungen zufolge droht dem unbescholtenen Mann nun sogar eine Verurteilung.

6. Vergangenes Jahr mußte der bereits vorher vom Dienst suspendierte Gymnasiallehrer für Geschichte und Sozialkunde und ehemalige Fürther Stadtrat der CSU Hans-Jürgen Witzsch wegen ›verharmlosender Äußerungen‹ zu einer Freiheitsstrafe ohne Bewährung ins Gefängnis. Witzsch hatte unter anderem öffentlich festgestellt, daß es keinen schriftlichen Befehl Hitlers zur Ermordung von Juden gebe, auf der Gedenkstätte des ehemaligen Konzentrationslagers Dachau ausgestellte Fotos Montagen und die ›Gaskammern‹ erst nachträglich von den Amerikanern eingebaut

worden seien. Womit er recht hatte, wie man auch in Stellungnahmen von Historikern wie Martin Broszat, Hans Mommsen und Karl Schleunes nachlesen kann oder diese auch bestätigt findet, wenn man entsprechende Schreiben der Stadt Dachau oder der Konzentrationslager-Gedenkstätte studiert. Das Urteil gegen Witzsch belegt einmal mehr, daß die ohnehin schon stark eingeschränkte Wissenschafts- und Meinungsfreiheit in Sachen ›Holocaust‹ in der Bundesrepublik Deutschland mittlerweile auf nahezu Null zurückgeschraubt ist. Interessant dürfte es freilich werden, wenn sich der *Spiegel*-Redakteur Fritjof Meyer für seinen im vergangenen Jahr veröffentlichten Artikel »Die Zahl der Opfer in Auschwitz« vor Gericht rechtfertigen müßte. In diesem beziffert er die Zahl der in Auschwitz umgekommenen Lagerinsassen anstatt auf ›4 Millionen‹ auf etwa 500 000 – und liefert für diese Feststellung sehr gute Argumente.

Angesichts dieser Beispiele, die lediglich die Spitze des berüchtigten Eisbergs dokumentieren, kann doch nur festgestellt werden: Die Verwirklichung von Geistesfreiheit wird in diesem Lande nicht erfüllt. Es werden Bücher zensiert und indiziert, fundamentalkritische Meinungen kriminalisiert und ›verboten‹, Publizisten, Wissenschaftler, Künstler und Dissidenten strafrechtlich verfolgt.

Längst beziehen sich bundesdeutsche Politiker bei schier allen passenden und vor allem unpassenden Gelegenheiten – bei Staatsempfängen ebenso wie bei Veranstaltungen an ›Kranzabwurfstellen‹, bei Eröffnungen von Straßen, Museen oder öffentlichen Gebäuden ebenso wie bei außenpolitischen Stellungnahmen – auf die selbstredend ›dunkle‹ deutsche Geschichte und vor allem auf das ›dunkelste Kapitel‹ derselben. Ein treffendes Beispiel gefällig? Der Außenminister der Bundesrepublik Deutschland, Joschka Fischer, begann seine Rede auf der »Weltkonferenz über Rassismus« in Südafrika am 1. September 2001 mit den Worten: »Rassismus und Fremdenfeindlichkeit haben die Menschheit in katastrophale Abgründe geführt, in Massenversklavung und Kolonialismus, die Ausrottung ganzer Bevölkerungen auf mehreren Kontinenten oder in neuerer Zeit den Massenmord in Ruanda und Burundi. Das schrecklichste aller Verbrechen im 20. Jahrhundert aber hat sich in meinem Land ereignet, der Genozid an sechs Millionen europäischen Juden, an Roma und Sinti. Die Erinnerung an diese durch nichts zu relativierende Tat und die Verantwortung, die aus ihr erwächst, wird Deutschlands Politik dauerhaft prägen. Eine Verharmlosung, Relativierung oder gar Leugnung des Holocaust kann Deutschland deshalb nicht hinnehmen und wird solchen Versuchen entschieden entgegentreten.«

Der förmliche Drang der Selbstanklage, ja des Selbsthasses hat längst die Bezugsebene Drittes Reich verlassen und sich auf nahezu alle Gebiete der deutschen Geschichte ausgebreitet. Natürlich ist hiervon beispielsweise auch die deutsche Kolonialpolitik nicht ausgenommen. Bei der obligatorischen Verurteilung handelt es sich um die überrepräsentative Wiedergabe von Äußerungen, Behauptungen und Meinungen, die von einer ›Lobby‹ kundgetan werden. Die Vertreter dieser Interessengruppen haben ihre Wurzeln zumeist in antifaschistischen, christlichen, pazifistischen oder marxistischen Kreisen, denen neben ihrer Voreingenommenheit und ihrer Arroganz vor allem das Ziel ihrer publizistischen Tätigkeit gemein ist: den ›Beweis‹ zu erbringen, der Tod sei ein Meister aus Deutschland, und zwar immer und überall, versteht sich. In einem solchen Klima der politisch korrekten Einseitigkeit geht der Grundsatz der Wissenschaftlichkeit verloren, was hierzulande niemanden zu stören scheint.

Die Vertreter dieses deutschfeindlichen Klischees, also Geisteswissenschaftler und solche, die es gern wären, einschlägig bekannte Publizisten, Journalisten und Politiker, agieren alle von einem mehr oder weniger gemeinsamen Grundkonsens aus. Ihrer Sichtweise zufolge sind die Rollen der ›Täter‹ und ›Opfer‹ von vornherein klar bestimmt: hier die Guten, die nicht die Deutschen sein können, dort die Bösen, die die Deutschen sein müssen. Nach diesem Schema wird zur Beurteilung der Geschichte die moralische Meßlatte angelegt. Dies ist besonders praktikabel, seitdem es sich herumgesprochen hat, daß es möglich ist, für tatsächlich oder vermeintlich erlittenen Schaden ›Wiedergutmachung‹ zu erlangen.

Nationalgesinnten Intellektuellen geht es da nicht besser. In der real existierenden Diktatur der ›Political Correctness‹ können viele Themen und Diskussionen von vornherein nicht oder nur in Form einer Diffamierungskampagne oder eines Schauprozesses stattfinden. Sobald jemand als ›Nazi‹ erfolgreich verunglimpft worden ist, leidet er gewissermaßen an ›asozialem Auswurf‹. Mit einem solchen Ekelpaket spricht die ehrenwerte Gesellschaft nicht. Von so einem wendet sich der ›anständige‹ Mensch, also der mit ›Zivilcourage‹, angewidert ab. So ein Asozialer wird nicht zu Diskussionsrunden eingeladen. ›Politisch anständige‹ Redakteure und Verleger bieten so einem kein Forum.

Alles wird in Bewegung gesetzt, daß dieser vogelfreie Unmensch seine Meinung *nicht* kundtun, seinen Standpunkt *nicht* erklären, seine Erfahrungen, Wünsche, Sorgen *nicht* in die öffentliche Diskussion einbringen kann. Und falls dieser ›Staatsfeind Nummer 1‹ doch einmal eine Gelegenheit finden sollte, einen Beitrag zur Meinungsbildung zu liefern, kann notfalls immer noch die Antifa vorgeschickt werden, um seine Veranstaltung zu stören, ihm aufs Maul zu hauen, ihm das Auto anzuzünden, seine Frau und Kinder zu bedrohen, sein Haus mit Farbbeuteln oder auch Molotow-Cocktails zu übersäen. Die Palette einer solchen politisch korrekten Strafaktion ist sehr vielfältig. Und wenn selbst die physische Gewalt nicht helfen sollte, den Dissidenten zum Schweigen zu bringen, stehen immer noch die ›Verfassungsschützer‹ Gewehr bei Fuß. Die größte Gemeinheit kann nicht widerlich genug sein, um den Vogelfreien zu diskreditieren und zu diffamieren – bis er endlich juristisch verfolgt wird. Und falls das dann endlich erfolgreich kriminalisierte Ekelpaket nach dem ersten Gerichtsurteil seine fundmentaloppositionelle, dissidente oder der Lehrmeinung widersprechende Klappe immer noch nicht hält, kann aus der Verfolgung sogar ein Spiel ohne Grenzen werden. Ein ›Spiel‹ ohne Rücksicht auf Verluste, wie beispielsweise das Schicksal des untadeligen Professors Werner Pfeifenberger – Ehre seinem Andenken! – belegt, als Medienhetze und Antifaterror diesen untadeligen Akademiker in den Freitod trieben.

Der Feind in dieser Republik steht den Volksvertretern und Meinungskartellen zufolge ›rechts‹. Und als solches gilt bereits alles, was sich ›rechts‹ von der ›neuen Mitte‹ Gerhard Schröders befindet. Da stellt sich die Frage, was hierzulande eigentlich ›rechts‹ heißt. Bedeutet, ›rechts‹ zu sein, sich für den Erhalt seines angestammten Lebensraumes und für eine lebenswerte Zukunft seiner Kinder und Enkel einzusetzen? Sind ›rechts‹ bereits diejenigen, die Wert darauf legen, deutsch zu sprechen und zu schreiben? Offensichtlich ja, denn die Vorgaben der politischen Korrektheit geben diesbezüglich eindrucksvollen Aufschluß: Heutzutage muß man in der Bundesrepublik Deutschland ja schon aufpassen, nicht zu viele Worte in seiner eigenen deutschen Muttersprache zu sagen oder zu schreiben. Wenn man auf den Gebrauch englischer Lehn- oder Fremdwörter – und seien sie noch so albern (›Handy‹, ›downloaden‹, ›chatten‹, ›kids‹, ›wellness‹ usw.) – verzichtet, setzt man sich bereits dem Verdacht aus, ein ›Rechtsradikaler‹ zu sein. Für den von den Medien umworbenen sogenannten ›Neonaziaussteiger‹ Jörg Fischer beispielsweise ist das ganz genau so. Dieser selbstsüchtige Wichtigtuer entblödete sich vergangenes Jahr nicht zu behaupten, daß der Gebrauch des deutschen Wortschatzes wie T-Hemd statt T-Shirt, Weltnetz statt Internet, Schoßrechner statt Laptop ein deutliches Anzeichen für die autonome Welt der ›Rechtsradikalen‹ sei. Übrigens erhielt auch ich vor einigen Monaten von einem Wiener Fernsehjournalisten, der natürlich ein ganz sachliches Portrait von mir filmen wollte, was ich allerdings dann dankend ablehnte, elektronische Post – ›email‹! –, in der er plötzlich gar nicht mehr so freundlich fragte: »Was zum Teufel ist ePost – ich kenne diesen Ausdruck nur aus der rechtsextremen Szene in Deutschland – gehören Sie zu dieser?« Nehmen wir derartige dämliche Bemerkungen mit einem lachenden Auge zur Kenntnis. Vor allem, wenn wir uns vorstellen, wie diese vorbildlichen Gutmenschen und toleranten Vorzeigedemokraten am ›Handy talken‹, im ›Center shoppen‹ und am ›Computer chatten‹.

Gerhard Schröders »Aufstand der Anständigen«, eine fast niedliche Bezeichnung für die augenblickliche Inquisition der Gegenwart, zieht immer weitere, groteskere Kreise. Erinnerungen an die Verfolgung Andersdenkender im Mittelalter werden wach. Im Mai 2001 hat der Stadtrat der Stadt Coburg beispielsweise einen Beschluß gefaßt, mit dem die Redakteure Peter Dehoust und Harald Neubauer des seit einem halben Jahrhundert in der Stadt ansässigen Nation und Europa-Verlages wegen ihrer »Rechtslastigkeit« zu »unerwünschten Personen« erklärt wurden. Auslöser dieses bezeichnenden Vorganges ist übrigens der Umstand, daß der Verlag in verschiedenen Verfassungsschutzberichten erscheint – ›Berichte‹, die Hans-Helmuth Knütter mit Recht als »volksverhetzend« bezeichnet.

Die rücksichtsloseste und wirksamste Art, den politischen Gegner zu diskreditieren, ist, ihm ideologische Gemeinheiten, Widersinnigkeiten oder unredliche Absichten zu unterstellen. Sofern hiervon Parteien betroffen sind, versuchen Verfassungsschützer, eine Verfassungswidrigkeit zu unterstellen. Gelingt es nicht, entsprechende Beweise vorzulegen – und das ist die Regel –, bedeute dies freilich nicht, daß die Beschuldigungen aus der Luft gegriffen seien, sondern, daß die Partei sich so gut tarne. Hierbei unterliegen die Machthabenden, allen voran die Verfassungsschützer, aber einem gravierenden Denkfehler: Sie setzen das, was sie beweisen wollen, voraus! Auf der Internetseite der REP (Hochtaunus-Kreis) entdeckte ich diesbezüglich einige Beispiele, die diesen Trugschluß am treffendsten erklären:

• »Würden wir die Leser unserer Flugblätter auffordern, *drehen Sie dem Ministerpräsidenten einfach den Hals um, lästiges Abwählen entfällt*, na, da wäre aber was los, nicht wahr. Sie würden sich die Hände reiben. Haben wir aber – selbstverständlich – nicht geschrieben.« Geschrieben und gedruckt hatte das aber die *Frankfurter Rundschau* in ihrer Wochenendausgabe am 2. 9. 2000 mit Bezug auf den hessischen Ministerpräsidenten Koch. »Gegenüber dieser Zeitung müßten Sie als Hüter der Verfassung doch nun tätig werden, nicht wahr. Tun Sie aber nicht. Warum nicht? Sie setzen voraus, daß diese Zeitung nicht verfassungswidrig ist, es sich also nur um Satire etc. gehandelt haben kann. Bei uns wäre das natürlich nicht als Satire zu verstehen gewesen, sondern als Mordaufruf gegen einen führenden Repräsentanten unseres demokratischen Regierungssystems, nicht wahr? Warum? Weil Sie bei uns voraussetzen, daß wir verfassungswidrig sind.«

• »Würden wir einen Parteitag unter dem Motto veranstalten *Wer nicht ausbildet, wird umgelegt*, wäre das doch für sie endlich ein Beweis unserer Verfassungswidrigkeit. Es stand aber tatsächlich ein Parteitag in Deutschland unter diesem Motto, nämlich der Jugendparteitag der SPD in Köln 1996. Ist damit die Verfassungswidrigkeit der SPD bewiesen? Natürlich nicht! Warum nicht? Weil Sie bei ihr voraussetzen, daß sie nicht verfassungswidrig ist. Und bei uns setzen Sie eben das Gegenteil voraus.«

• »Würden wir zum Bundestagswahlkampf sagen *Wir müssen aus den Strickjacken raus und in die Kampfanzüge rein und auf Sieg setzen,* wäre das doch für sie ein Beweis dafür, daß wir Gewalt einsetzen, also verfassungswidrig handeln wollen. Tatsächlich hat das aber 1998 der FDP-Fraktionschef Hermann Otto Solms verlautbaren lassen. Ist damit die Verfassungswidrigkeit der FDP bewiesen? Natürlich nicht! Warum nicht? Weil Sie bei ihr voraussetzen, daß sie nicht verfassungswidrig ist. Und bei uns setzen Sie eben das Gegenteil voraus.«

Würden politisch diskreditierte Personen den Bundestag als ›Tollhaus‹ bezeichnen, wäre das für die Verfassungsschützer ein Beweis verfassungswidriger Gesinnung. Tatsächlich hat aber der ehemalige Innenminister Hessens Ekkehard Gries (FDP) diese Äußerung von sich gegeben. Ist damit die verfassungswidrige Gesinnung dieses Politikers oder gar seiner Partei bewiesen? Natürlich nicht! Warum nicht? Weil die Verfassungsschützer voraussetzen, daß Gries und die FDP keine verfassungswidrige Gesinnung haben – das war natürlich vor Möllemann. Bei den Republikanern, der DVU, der NPD und anderen mißliebigen, sprich deutschfreundlichen Parteien oder Organisationen setzen die Verfassungsschützer aber genau das Gegenteil voraus.

Die perfekt funktionierende Diffamierung politisch Andersdenkender in der Bundesrepublik Deutschland hat auffallend viele Gemeinsamkeiten mit den in den Richtlinien des Ministeriums für Staatssicherheit der DDR (1/76) festgesetzten Formen, Mitteln und Methoden der Zersetzung. Unter Punkt 2.6.2. dieser Richtlinien werden »[b]ewährte anzuwendende Formen der Zersetzung« empfohlen. Hierunter versteht man unter anderem die »systematische Diskreditierung des öffentlichen Rufes, des Ansehens und des Prestiges auf der Grundlage miteinander verbundener wahrer, überprüfbarer und diskreditierender sowie unwahrer, glaubhafter, nicht widerlegbarer und damit ebenfalls diskreditierender Angaben«. Die Kunst des Diskreditierens politisch Andersdenkender und unliebsamer Wissenschaftler wird hierzulande beherrscht.

Das Totschweigen oder aber die Diffamierung des politischen oder weltanschaulichen Gegners in führenden Massenmedien sind Mittel und gleichzeitig Ergebnis der manipulierten veröffentlichten Meinung in diesem Lande. In den kleineren politischen Medien der Kreuzritterschar, auf deren Schilden die politische Korrektheit prangt, nehmen wir zum Beispiel die *Antifaschistischen Nach-*

richten, den *Rechten Rand* oder den *Blick nach rechts,* gehört diese Praxis ohnehin zum vermeintlich guten Ton. In der Berliner Republik haben sich seit vielen Jahren, vor allem aber seit dem sogenannten Sommerloch 2000, politisch und gesellschaftlich die Richtlinien und Wertvorstellungen des sogenannten Antifaschismus durchgesetzt. Diese Durchsetzung geschah nicht über Nacht, sondern ist das Ergebnis einer jahrzehntelangen Entwicklung. Wesentlichen Anteil hieran haben ihre Anhänger an pädagogischen und juristischen Einrichtungen sowie in Politik und eben in den Medien. Vor allem Journalisten, Publizisten und Intellektuelle haben hier wahrlich Unerhörtes geleistet. Politologen, Soziologen, Psychologen, Pädagogen, Sexologen, Futurologen usw., die als ›Experten‹ über den ›Rechtsextremismus‹ auftraten, haben den politischen Gegner systematisch zum Unmenschen degradiert und ›antifaschistische‹ Vorstellungen hoffähig gestaltet.

Die Strategie war durchdacht: ›Antifaschistisches‹ Gedankengut wurde (und wird) sozusagen homöopathisch dosiert, gezielt in Artikeln und Büchern verbreitet und oftmals von der seriösen Presse als ›wahr‹ angesehen, deshalb kritiklos übernommen und somit aufgewertet. Die dauernde Beschwörung von der ›Gefahr von rechts‹, die immer wiederkehrende Verwendung von Totschlag-Argumenten und – oftmals gestellten – Abschreckungsbildern, das Beklagen einer angeblich mangelnden Abgrenzung Konservativer von ›Rechtsextremisten‹, eine allgemeine negative Einstellung zum nationalen Gedanken und die Unterstellung von der Kontinuität nationalsozialistischer Werte, also der problemlose, restaurative Übergang vom Dritten Reich zur Bundesrepublik Deutschland, wurden durch diese Kräfte allgemein unterstellt und vor allem immer und immer wieder propagandistisch wiederholt. Die erfolgreiche Unterwanderung und endliche Übernahme führender Positionen in Redaktionen, Verlagshäusern, Universitäten, Kanzleien und Behörden verhalfen dieser gewaltigen Manipulation der Meinung zum endgültigen Durchbruch.

Politisch aktive Menschen, die deutschfreundlich gesinnt sind, stehen im Nu auf der Abschußliste des Meinungskartells und sind vielfach ›Beobachtungsobjekte‹ des sogenannten Verfassungsschutzes. Meinungs- und Versammlungsfreiheit müssen Nationalgesinnte sich oftmals durch Gerichtsbeschlüsse erkämpfen. Verbote, Schikanen und Boykotte stehen auf der Tagesordnung. Gegen nationale Gruppierungen werden Vereinsverbote verhängt, Versammlungen werden verboten, öffentlich-rechtliche Rundfunkanstalten und Printmedien rufen schier unverhüllt Banken und Sparkassen zur Kündigung von Konten deutschfreundlicher Aktivisten, Parteien und Medien auf, Gastwirten werden die Schanklizenzen ›wegen persönlicher Unzuverlässigkeit‹ entzogen, wenn sie ihr Lokal für nationale Veranstaltungen zur Verfügung stellen, Lehrer weigern sich, Schüler zu Prüfungen zuzulassen, die aus ihrer nationalen Überzeugung kein Geheimnis machen. Die Liste der hierzulande angewandten Repressionen ist unüberschaubar.

Das bereitstehende Repertoire zur Unterdrückung und Bestrafung politisch Andersdenkender in der Bundesrepublik Deutschland ist überaus vielfältig. Politische Abschreckungsurteile, die im Schnelltempo durchgezogen werden, Berufs-, Vereins-, und Parteienverbote, öffentliche Hetze und Aufforderung zur Denunziation, Bespitzelungen, die bis in die Privatsphäre reichen, stellen das Arsenal der repressiven Gewalten dar. In jüngster Zeit wird seitens der Machtinhaber in Politik und Presse angeregt, daß diese repressiven Maßnahmen gar dem Schutz der Demokratie dienten. Eine solche Behauptung ist ein Schlag ins Gesicht der freiheitlichen demokratischen Grundordnung, denn die Einschränkung oder gar die Abschaffung rechtsstaatlicher Merkmale können niemals den Rechtsstaat retten.

Ein System, das hinter einer liberalen Maske Gesinnungsgutachten verteilt, gegenüber politisch Andersdenkenden moralisierend die ›Faschismuskeule‹ schwingt und Andersdenkende aus dem Meinungsbildungsprozeß ausgrenzt oder sie in der Öffentlichkeit verunglimpft, ist kein freiheitlicher Staat. Ein System, in dem Gesinnungsprüfung und Berufsverbote durchgesetzt werden, Provokateure des Verfassungsschutzes und Denunzianten in potentielle Konkurrenz- oder nicht genehme oppositionelle Parteien einschleust werden, um Dritte zu Straftaten zu animieren, ist in Wirklichkeit ein unfreiheitliches System mit totalitären Tendenzen. Als selbständig denkender Mensch werde ich mich mit einem solchen entwürdigenden Zustand niemals zufriedengeben! Jeder von uns, jeder mündige Deutsche, der sich nicht durch Denk-

schablonen einengen läßt, der es nicht zuläßt, durch staatlich verordnete Tabus in seinem individuellen Meinungsbildungsprozeß
entmündigt zu werden, der sich nicht durch Indoktrination oder
Bevormundung in seiner geistig-politischen Entwicklung ein-
schränken läßt, ist aufgerufen, diesem gleichzutun. Es lebe die
Freiheit!
Dr. Claus Nordbruch
www.nordbruch.de.vu

Vorstehende Rede beruht auf den Belegen in folgenden Büchern:

Autorenkollektiv gegen Totalitarismus (Hrsg.), *Antifa heißt Gewalt*,
    Tübingen 2002.
Nawratil, Heinz, *Der Kult mit der Schuld*, München 2002.
Nordbruch, Claus, *Der Angriff*, Tübingen 2003.
Nordbruch, Claus, *Der deutsche Aderlaß*, Tübingen ²2003.
Nordbruch, Claus, *Der Verfassungsschutz*, Tübingen 1999.
Nordbruch, Claus, *Sind Gedanken noch frei? Zensur in Deutschland*,
    München ²2001.

Mut zur Freiheit

Dr. Gert Sudholt

Was mag es für ein selbstverständlicheres und zugleich aber auch ein pikanteres Unternehmen geben, als an dieser Stelle über die Freiheit zu sprechen? Ort und Veranstalter mahnen ja gleich im Namen auf dieses Wort, das nicht selten im Munde geführt wird und das also jenem Schicksal unterliegt, das fast allem Vielgesprochenen zuteil wird. Es gerät nicht selten zur Worthülse, zum sprachlichen Alibi, das vom Nichtstun ablenken soll. Also, hier über die Freiheit zu sprechen, im historischen und politischen Rahmen, das mag dem Zuhörer so erscheinen wie jene berühmten Eulen, die nach Athen getragen wurden. Warum also pikant?

Das zu beantworten stünde all jenen an, die nicht allein im eigenen Auftrag hier sitzen, nicht, weil es sie drängt, offene Worte oder neue Gedanken zu hören, nicht weil sie etwas verändern oder einfach nur ihren Horizont erweitern wollen, sondern nur die Informationsbasis all jener sind, die in einem, allerdings mißverstandenen, politischen Wählerauftrag, die Bevölkerung bespitzeln. Alle V-Männer, Spitzel und politischen Denunzianten, sollten in den nächsten 45 Minuten die Ohren besonders spitzen und alles Gehörte möglichst originalgetreu bei ihrem Amt für Staatssicherheit abgeben. Ja, auch die boshafte historische Parallele, derenwegen es dann in einem der nächsten Verfassungshohnberichte heißen wird:

»Der Verleger Gert Sudholt arbeitet subversiv gegen die Grundlagen der Verfassung, weil er den hiesigen Rechtsstaat mit höhnischen historischen Vergleichen unterminiert. Er setzt in infamer Weise den bundesrepublikanischen Rechtsstaat mit dem Unrechtsstaat der DDR gleich.«

sollte näher betrachtet werden. Ich hätte mich gewiß noch vor Jahren gefreut, wenn ein Sozialdemokrat die DDR als Unrechtsstaat bezeichnet hätte. Aber diese immer wieder hervorgebrachte, geistig schwachbrüstige Argumentation zeugt von einem merkwürdigen Freiheitsverständnis. Ganz abgesehen davon, daß ein Kanzler, der vor noch nicht einmal zwei Jahrzehnten die ›Zentrale Erfassungsstelle für Verbrechen in der DDR‹ in Salzgitter schließen wollte, weil die Festschreibung der eklatanten Menschenrechtsverletzungen die sozialdemokratischen Ergebenheitsadressen an die SED konterkariert hätten. Abgesehen davon, daß Christdemokraten noch 1987 dem Pankower Massenverbrecher Honecker den Roten Teppich ausrollen ließen, abgesehen von all diesen historischen Merkwürdigkeiten, möge man sich in Berlin oder in München in den hochdotierten, von unseren Steuergeldern bezahlten Verfassungsschutzämtern einmal klarmachen, daß zu einem freiheitlichen Rechtsstaat auch der Spott gehört. Und kein historischer Vergleich kann von einer Gesinnungszensur verboten werden. Im übrigen ist es schon makaber, daß man zwar ständig und laut gegen die Geheimdienste autoritärer Staaten zu Felde zieht, im eigenen Land jedoch ein mindestens ebenso ausgeklügeltes System an Gesinnungsschnüfflern, Abhörern und Lauschern installiert hat. Mit dem Wesen einer freiheitlich und demokratisch verfaßten Grundordnung ist dies nach meinem Verständnis nicht zu vereinbaren.

Aber stellen Sie sich doch bitte einmal vor, wir nationalgesonnenen Menschen wären derartig mimosenhaft wie die Politiker auf ihrem Berliner Parlamentsolymp. Wir müssen uns in unserer publizistischen und politischen Arbeit jahraus, jahrein beleidigen und zumindest zu geistigen Schwerverbrechern stempeln lassen. Uns wird eine Dumpfheit angedichtet, die nicht mehr diskriminierend, sondern beleidigend ist. Da wird es doch möglich sein, ein die politische Opposition erstickendes System mit jenen vergleichen zu können, die dies planmäßig und nur allzu auffällig getan haben. Der Unterschied zwischen Mielke und Schily? Natürlich ist Schily viel weniger frivol. Er schüchtert nicht mit blanker Gewalt ein, nicht mit Gefängnis und Folter. Aber es genügt für den normalen Publizisten auch schon, mit Verlaub, daß er nicht arbeiten kann, es genügt für den normalen Verleger auch schon, daß er strampeln kann, wie er will: Er wird vom politischen Diskurs ausgeschlossen, er wird nicht verkauft, er wird mit seinen Arbeiten bekämpft , indiziert oder gar verboten. Das genügt. Es sieht im ›freiheitlichsten Rechtsstaat der deutschen Geschichte‹ nicht so spektakulär aus wie in den Folterkammern der Kommunisten, aber es ist eben auch viel effektiver.

Sie merken, liebe Zuhörer, wir sind mitten im Thema. Die Freiheit ist ein arg gebeutelter Begriff. Und gerade, weil er vielleicht so inflationär gebraucht wird, ist er so bedeutungslos geworden. »Visa – die Freiheit nehm ich mir.« Was drückt diese kleine griffige Werbeformel nicht auf einfache und gleichzeitig brutale Weise aus, mit welchem Mißverständnis der Begriff ›Freiheit‹ in unseren Tagen behaftet ist?

»Visa – die Freiheit nehm ich mir.« – da steckt alles drin, worum es heute geht, wenn man an den Begriff ›Freiheit‹denkt. Ums Geld geht es natürlich in erster, zweiter und in dritter Linie. Freiheit bedeutet nach den Dogmen des 19. Jahrhunderts, als die industrielle Revolution und der wirtschaftliche Liberalismus das Wesen der Kultur in Europa zu bestimmen begannen: »*Money makes the world go round.*« Bei derlei griffigen Weisheiten hätten unsere Ur-Ur-Großväter noch das kalte Grausen bekommen. Heute ist der Schwachsinn Glaubensbekenntnis und Lebenswirklichkeit noch dazu. Wer sich nicht dran hält, wird abgeschossen, in dem System, in dem die Freiheit nur eine für solche ist, die die große Wirtschaft betreiben. Da ist die Freiheit natürlich immer nur sehr einseitig und das Angebot der FDP etwa, den Arbeitsmarkt zu liberalisieren, wirkt schon fast wie eine Drohung. Der Arbeitnehmer hat die Freiheit, flexibel zu sein. Wenn einer heute dort bleibt, wo er aufgewachsen ist, wo er seine Wurzeln hat, dann gilt das schon fast als Beleidigung. Wer wirklich etwas auf sich hält, ist heimatlos, der *kann* immer und überall. Bindungen stören nur in einem System, das da ganz frei sein soll.

Und deshalb ist unsere Gesellschaft auch nur eine Gesellschaft der Jungen geworden. Natürlich, je jünger man ist, um so flexibler – wer wüßte das nicht. Und das Recht der Älteren, Wurzeln zu fassen, Abstand zu gewinnen vom hektischen Getriebe einer ahasverischen Zeit, das wird bestraft. Ab 50 ist man den Arbeitsvermittlern nur noch ein müdes Lächeln wert. Hier muß offensichtlich mit dem Begriff ›Freiheit‹ etwas schief laufen. Freiheit, das kann nichts Einseitiges sein. Freiheit muß etwas auf die Menschen Bezogenes sein.

Wo die Freiheit des Geldes mehr wert ist als die Freiheit eines menschlichen Seins, da ist ein Grad der Vergaunerung erreicht, bei dem man nun wirklich nicht mehr ernsthaft von einer freien

Gesellschaft sprechen kann. Freiheit in unserer Gesellschaft ist vorgegaukelt, wie man heute sagen würde: virtuell. Sie besteht nicht wirklich. Jeder Konsument meint, frei entscheiden zu können, jeder Wähler wähnt sich frei in seiner politischen Entscheidung, und doch ist alles geistige Leben von einer Gleichschaltung gelähmt, die Meister Goebbels wohl nicht in den kühnsten Träumen für möglich gehalten hätte. Schon wieder so ein unbotmäßiger historischer Vergleich. Und doch ist es *genau so*.

Moderne Medienforscher wie Neil Postmann haben längst die manipulierende Wirkung von Medien und Werbung herausgefunden, sie beschrieben und bis ins letzte analysiert. Wie kann man sich politisch frei wähnen, wenn Gedanken wie die hier vorgetragenen praktisch in der Medienwelt nicht stattfinden können. Da brauchen wir gar nicht in Selbstvorwürfe zu verfallen, daß eine rechte Partei mal wieder im Null-Komma-Bereich liegt, ganz gleich, ob eine oder mehrere Formationen antreten. Solange die Information nicht zu den Menschen transportiert wird, hilft alles gute Hoffen und kluge Reden nichts! Aber frei ist eine solche Gesellschaft eben dann doch nicht. Kaufverhalten, Lebensmuster, sie alle werden tagtäglich eininfiltriert. Die Moderne braucht keine Kleiderordnung, die Moderne braucht keinen gleichmachenden Massenaufmarsch, weil im Chaos der angeblichen Freiheiten eine Uniformität entstanden ist, die schon einigermaßen beeindruckend ist.

Beeindruckend ist wohl, wie ich finde, das richtige Wort. Nichts wäre schlimmer, als solch ein Phänomen weinerlich zu beklagen. Nein, es ist beeindruckend und völlig faszinierend. Und doch *muß* es bekämpft werden. Und doch müssen die Menschen mit der Nase auf dieses Phänomen gestoßen werden, bis sie Widerwillen, Abscheu entwickeln, bis sie Widerstand leisten. Frei sein, unbehelligt kann man lediglich sein, wenn es darum geht, sogenannte Tabus zu brechen. Noch ekliger, noch perverser, noch dreister. Da ist alles drin. Da sind wir frei. Aber sagen Sie mal, Sie wollten eine andere Wirtschaftsordnung haben oder eine andere Weltordnung. Sagen Sie mal, Sie hingen Idealen nach, die von Ehre und Treue geprägt sind. Da kann man sich schon eher als Drogendealer betätigen.

All das ist bestimmt nicht freiheitlich. Oder ist es es? Wenn es denn freiheitlich sein sollte, warum können wir nicht öffentlich diskutieren? Warum schmeißt man Steine, warum verhängt man Sendeverbote? Die Feigheit vor dem Feind ist ja schon so groß, daß man nicht einmal offen mit einem Jörg Haider im Fernsehen diskutiert, geschweige denn mit einem General Uhle-Wettler oder dem Konfliktforscher Alfred Mechtersheimer, um nur zwei Persönlichkeiten zu nennen, die auf unserem diesjährigen Kongreß das Wort ergriffen haben oder noch sprechen werden.

»Visa – die Freiheit nehm ich mir.« Ja, Herrgott, wissen denn die Menschen nicht, daß man sich die Freiheit nicht nehmen kann? Gibt es etwas Dreisteres, als sich die Freiheit *zu nehmen*. »Ich bin so frei«, und schon hat jemand impertinenter Weise Platz neben Ihnen genommen, obwohl Sie gerade mitten im Gespräch waren. »Ich bin so frei«, und schon klingelt das Medium der allgegenwärtigen Erreichbarkeit und Versklavung – das Handy. Ganz gleich, wo Sie sind, ganz egal, was Sie machen. Jeder hat immer den Anspruch, mit Ihnen sprechen *zu können*. Wer das Handy abschaltet, ist Spielverderber. Das erinnert einen in unguter Weise schon an den Roman *Utopia* von Thomas Morus. In Utopia, so imaginierte der britische Aufklärer, könne man die Türen nicht verschließen, um eine wirklich gemeinschaftliche, kommunistische Gesellschaft zu ermöglichen. Jeder nimmt sich die Freiheit und nimmt sie damit jemand anderem.

Freiheit kann man sich nicht nehmen, Freiheit muß man sich erringen, die muß man sich erarbeiten, hart erarbeiten. Freiheit ist eine Gnade. Mancher erreicht sie nie, viele nur ein bißchen. Freiheit heißt, auch freiheitlich und autonom selbst entscheiden zu können, selbst zu denken und zu entscheiden. Nicht abhängig von Gurus, von Emotionen oder Trieben. Wer kann das schon? Unsere Gesellschaft gleicht doch mehr einer Herde friedlich grasender Schafe als einer debattierenden athenischen Volksversammlung. Wir lassen in den Talkshows das immer Gleiche von den immer Gleichen debattieren, *aber wir debattieren nicht selbst*. Freiheit erwirbt sich ein heranwachsender Mensch Zug um Zug, bis er reift. Vor lauter linksaufklärerischen Hurrageschrei hat man solche elementaren Erkenntnisse längst vergessen.

Langsam, ganz langsam kann sich der Mensch entwickeln, zu Urteilen zu kommen. Langsam, manchmal nie. So wie es Individuen mit der Entwicklung zur Freiheit geht, so ergeht es auch

Völkern. Und bevor wir das historisch ein wenig erörtern, möchte ich ein paar Tropfen Wasser in den Wein der freiheitskritischen Empfindungen gießen.

Die Rechte und die Freiheit. Das ist so ein Kapitel, an dem wir uns ganz im stillen an die eigene Nase fassen dürften und sollten. Es soll ja hier auch einmal unbequem zugehen, denn wir brauchen Veränderung, und das fängt ganz bei uns selbst an. Historisch und aktuell ist das Verhältnis mancher Rechter in ihrem Verhältnis zur Freiheit, Anwesende sind natürlich ausgenommen, nicht immer einfach. Man fordert zwar die Pressefreiheit für die eigenen Publikationen, man fordert zwar das freie Wort für sich, möchte es aber anderen nicht einräumen. Man grämt sich zwar, daß ein braver Nationaler von seiner Arbeitsstelle entfernt wird, freut sich aber seinerzeit ganz mächtig über den Radikalenerlaß, weil er ungeliebte Kommunisten aus Amt und Würden drängen sollte. Dann waren es freilich nicht die Linken, sondern die Rechten, denen der Stuhl vor die Türe gesetzt wurde. Man möchte ein offenes Wort sprechen, Gesellschaft für Freie Publizistik, aber man drischt auf die Frankfurter Schule beispielsweise im Affekt nationaler Angegriffenheit ein.

Lassen Sie mich ein persönliches Wort sagen. Ich stand 1968 auf der anderen Seite, nicht auf der der linken Studentenunruhen. Aber heute muß ich mich doch schon fragen: Wie steht es denn mit den Kernforderungen dieser Leute? Freiheit des Diskurses. Ja, das wünschte ich mir heute sehnlicher denn je. Der tausendjährige Muff unter den Talaren. Ja, der ist doch heute nach 30 Jahren schon schlimmer als in den tausend Jahren zuvor. Es ist doch zum Beispiel gar nicht notwendig, nicht wünschenswert, auf den 68ern herumzuprügeln, weil sie ›mehr-Demokratie-wagen‹ gefordert hatten. Nein, wir müssen sie vor uns publizistisch hertreiben, weil sie dies nicht eingelöst haben. Die Enkel von Brandt oder die politischen Ziehkinder verbieten eben heute die Freiheit. Wie heißt es immer so schön auf der letzten Seite der *Deutschen Stimme*? »Es lebe die Pressefreiheit – Die Redakteure sind verhaftet.«

Wenn wir unter ›Freiheit‹ nur verstehen, daß wir diejenigen sind, die in Zukunft bestimmen sollen, dann sind wir nicht nur nicht ehrlich, wir werden auch mit diesem Anliegen nicht weit kommen. Wenn bei einer nationalen Regierung dann linke Gegenposi-

94

tionen nicht nur mit Argumenten bekämpft werden, dann ist mir das nur bedingt sympathischer. Die Nationalen müssen ihr Verhältnis zur Freiheit klären. Freiheitliches kann nicht entstehen, wenn man von mystifizierten Reichsideen träumt, wenn man Freiheit für sich fordert, aber eine Gesellschaft im Auge hat, die von irgendwelchen geschulten Eliten regiert werden soll, die in den geistigen Backstuben irgendwelcher pseudouniversitärer Einrichtungen mit geistiger Frischhefe versorgt werden sollen, um dem ›doofen‹ Volk dann wieder zu sagen, wie es denn gehen soll. Machen wir es uns klar, meine Damen und Herren, es gibt keine linke und keine rechte Freiheit. Freiheit ist nicht teilbar. Es gibt entweder eine ganze oder gar keine Freiheit. Ich plädiere für eine *ganze* Freiheit, denn die Idee der Freiheit gehört zu den wenigen Emotionen, die das Feuer der Menschen entzünden und Leidenschaft der Völker entfachen können.

Nein, die nationale Bewegung ist eine freiheitliche. Das Volk emanzipierte sich in den Jahrhunderten seiner langsamen Entwicklung, es befreite sich von den Autoritäten. Im 17. Jahrhundert war es richtig und adäquat, in Würde zu dienen und den Herrschern von Gottes Gnaden zu folgen. Heute ist es ahistorisch und dumm. Die Völker entwickeln sich zur Freiheit, wie sich die einzelnen Menschen zur Freiheit entwickeln. Wir haben 2003 ein Herder-Jahr – und sicher wird der Denker groß gefeiert werden. Aber wer nimmt ihn ernst:

»Der Mensch ist der Freigelassene der Schöpfung. Er steht aufrecht. Die Waage des Guten und Bösen hängt in ihm. Er kann forschen. Er soll wählen. So wie die Natur ihm zwei freie Hände zu Werkzeugen gab, und ein überblickendes Auge, seinen Gang zu leiten, so hat er nicht die Kraft nicht nur, die Gewichte zu stellen, sondern selbst Gewicht zu sein auf der Waage.«

Was für ein wunderbares Bild, verehrte Zuhörer. Zwei freie Hände und ein überblickendes Auge, seinen Gang zu leiten. Wie beschämend, wenn man die Spezies Mensch als Sklave der Elektronik heute zusammengekauert vor den flimmernden Bildschirmen einer alles vernetzten Welt sieht.

Aber auch für die Völker gilt dies. Der gewiß unverdächtige Ortéga y Gasset schreibt in seinem *Aufstand der Massen* bedeutsam, »daß es geboten ist, von Vergangenheit, wenn auch keine positive Führung, so doch gewisse negative Ratschläge anzunehmen. Die Vergangenheit kann uns nicht raten, was wir tun, wohl aber, was wir lassen müssen«.

Demnach müßte die historische Erfahrung für die politischen Entscheidungsträger genau das sein, was das berühmte ›Daimonion‹ für den antiken Weisen Sokrates war: eine warnende Instanz, die nicht zu einem Tun aufruft, sondern vielmehr dazu anhält, unverantwortbares Handeln zu unterlassen. Gehen wir auf diesem schmalen Pfad der Erkenntnis ein paar Schritte weiter, dann werden wir begreifen, daß eine der Triebfedern der Geschichte die Sehnsucht der Völker nach Freiheit ist. Die Germanen haben sich einst von dem Druck römischer Legionärsstiefeln befreit, weil sie Freie sein wollten. Die Hugenotten und die Salzburger Protestanten verließen ihre Heimat in Frankreich und im Reich, um in Preußen zu siedeln. Sie haben dem preußischen Staat nach der Katastrophe der Religionskriege einen so kräftigen Schub gegeben, daß des Reiches Streusandbüchse Weltgeschichte schrieb.

Die Tatsache, daß die Friedensmacher von Versailles, St. Germain, Trianon und Sèvres nach dem Ersten Weltkrieg die erwachenden Völker Europas zwar von alten Fesseln befreiten, ihnen aber sogleich neue anlegten, zählt zu den vergessenen Ursachen der Tragödien des 20. Jahrhunderts. Souveränität und Selbstbestimmungsrecht der Völker und Volksgruppen müssen entscheidende Elemente einer nationalen Politik sein. Eine dauerhafte Friedensordnung kann es nur dann geben, wenn es eine Ordnung freier Völker ist. Solange Zwangsgrenzen an der Donau, an der Etsch, am Jordan, in den Weiten Afrikas, in den Schluchten des Kaukasus oder in den Dschungeln Südostasiens die Völker trennen, statt sie zusammenzuführen, solange ist das dümmliche Wort von der ›Befreiung‹ eines amerikanischen Präsidenten nur eitles Geschwätz. Aus den Irrungen und Wirrungen der Vergangenheit die notwendigen Erkenntnisse und Schlüsse zu ziehen, das unterscheidet den Staatsmann vom Scharlatan.

Lassen Sie uns gemeinsam einen kleinen Streifzug durch unsere reichhaltige Geschichte machen. Suchen wir gemeinsam nach der Geburt der Freiheit unseres Volkes. Ereignisse, Gestalten begleiten diesen Geburtsvorgang, und im Rahmen dieser Ausführungen sind selbstverständlich nur Skizzen möglich. Fangen wir mit einer Gestalt an – nein, ausnahmsweise nicht mit Arminius, denn dann würde der heutige Abend nicht ausreichen –, die aus den Fernen unserer historischen Herkunft geheimnisvoll leuchtet: Thomas Müntzer.

Wer war dieser Thomas Müntzer, dieser frühe deutsche Schwärmer, dem man vielleicht nicht zu Unrecht das Etikett sozialistischer und nationaler Freiheitskämpfer umhängt? 1490 ist er geboren, und man weiß über seine familiären Verhältnisse und über seinen Werdegang nicht sehr viel. Müntzer studiert in Leipzig und Frankfurt an der Oder und erwirbt den Magistergrad. Aus Geschäftsunterlagen seines Buchhändlers sind wir, ein Glücksfall für die Geschichtsschreibung, außergewöhnlich gut über die Handbibliothek des Thomas Müntzer orientiert. Der junge Magister gräbt sich durch die lange Liste antiker Autoren. Platons *Staat* gehört ebenso zu seinem ausgiebigen Lesefutter wie Apuleius' *Metamorphosen*. Hier unterscheidet sich Müntzer denn auch ganz erheblich von seinem späteren Widersacher Luther, der sich fast nur auf kirchliche Literatur, in Sonderheit auf die Bibel konzentrierte. Nachhaltig beeinflußt wurde er durch die deutschen Mystiker.

Viel mehr weiß man jedoch über seine erste Lebenshälfte nicht. Man kann nur mutmaßen, Müntzer habe den Beginn der Reformation in Braunschweig als Prediger erlebt – jedenfalls muß der 27jährige sofort Feuer für die neue Idee gefangen haben. 1519 erfahren wir das erste Mal mehr über ihn. In Jüterbog nämlich vertrat er Franz Günther als Prediger. Einem Franziskanermönch verdanken wir durch eine briefliche Erwähnung den ersten ausführlichen Bericht über ihn, der dort als Lutheraner bezeichnet wird. Dieser Mönch bittet seinen Bischof um Rat, wie man mit einem neuen Magister namens Magister Thomas verfahren sollte. In Jüterbog waren die Mönche des Franziskanerklosters in heller Aufregung, als man bemerkte, daß Thomas Müntzer von dieser neuen »Sekte« (Luthers!) auf der Kanzel predigen sollte. Man verließ sich allerdings damals nicht nur auf Gerüchte, sondern schickte einen eigenen Mann in die Predigt, der hören sollte, was der aufrührerische Geist zu sagen hatte.

Hier, in Jüterbog, liegt Müntzer also noch auf der Linie Luthers.

Seine kirchlich orientierten Reformvorschläge treffen ins Schwarze und deshalb auch derartig die Vertreter der römischen Kirche.

Im Juli 1519 treffen sich die beiden das erstemal persönlich am Rande der großen Disputation Luthers mit dem Ingolstädter Theologen Johann Eck. Müntzer imponiert das Auftreten des Wittenbergers, der hier erstmals die Unfehlbarkeit der Päpste und Konzilien bestritt – das Gleiche hatte Müntzer in Jüterbog ja bereits gepredigt.

Die Bauern beriefen sich in einer Zeit, in der sich Bindungen und Herrschaftsverhältnisse so rasant veränderten, wie seit langer Zeit nicht mehr, auf die Bibel. Die Kenntnis der Heiligen Schrift muß beim gemeinen Mann außerordentlich hoch gewesen sein, höher jedenfalls als beim durchschnittlichen Prediger. Der Reformator im Gefolge Luthers, Zwingli, bemerkte einmal sarkastisch, daß wohl jeder Bauernhirte mehr von der Bibel verstand als die Pfarrer. Die Fürsten erfanden immer neue Abgaben und Bestimmungen, und die Bauern hielten sich jetzt an das Evangelium und verlangten, man möge ihnen zeigen, wo solche Lasten in der Heiligen Schrift festgelegt worden seien. Hier scheidet sich der Weg zwischen Luther und Müntzer endgültig. Luther erweist sich als ›Realpolitiker‹ und schlägt sich auf die Seite der Fürsten, das behäbige »Ruhe ist die erste Bürgerpflicht« nimmt er in seinen Predigten und Schriften vorweg, während Müntzer sich auf die Seite der Schwachen schlägt. Er geht weiter, wo Luther stehen bleibt, und das verzeiht ihm der Wittenberger nicht.

Luthers Haltung im Konflikt der Bauern mit ihren Herren kann man heute kaum begreifen. Es mußte wie ein Fanal durch Deutschland gegangen sein. In allen Landesteilen erhob man sich gegen Fürstenwillkür, gegen neu gesetztes Recht, gegen die Bevormundung durch den Adel. Man kann wohl zu Recht feststellen, daß in diesen Tagen des Aufruhrs ein germanisches Rechtsempfinden bei den Bauern aufgebrochen war, das die neue Zeit zuzuschütten versuchte. Und so richteten sich die Forderungen, etwa die freie Wahl des Pfarrers, die Abschaffung des kleinen Zehnten, die Aufhebung der Leibeigenschaft, die Freiheit der Allmende usw. auch nicht gegen die landesherrliche Ordnung im allgemeinen, sondern nur gegen einzelne Punkte ihrer Herrschaftspraxis.

Thomas Müntzer zog mit den Bauern in den Krieg. In einem Manifest treibt er sie voran: »Ihr müßt dran, dran, es ist Zeit. Balthasar und Barthel Krump, Valetin und Bischoff, gehet (tüchtig) vorne an den Tanz… Dran, dran, dieweil das Feuer heiß ist. Lasset euer Schwert nicht kalt werden, lasset (es) nicht lahm werden!«

Die Bauern kämpften mit Müntzer bei Frankenhausen, und sie unterlagen gegen die Fürsten. Müntzer wurde später gefangengenommen, gefoltert und zu Tode gemartert.

Ein Luther, der das Tor zur Freiheit für die Deutschen aufstieß, war notwendig für unsere Geschichte – genügte jedoch leider nicht. Die durch dieses Tor gehenden Müntzers in der deutschen Geschichte hatten es immer schwer, bis heute, wo Untertanengeist und Biedermeierlichkeit ausgeprägter denn je verankert sind. Luther propagierte die wichtige innere Freiheit, Müntzer mahnte auch die äußere an. Eine Tragik der deutschen Geschichte, daß man nicht erkennen mochte, daß sich beide Positionen nicht ausschließen, ebenso wie sich Luther und Müntzer nicht hätten ausschließen müssen.

Lassen Sie uns nun ein paar Jahrhunderte weiter eilen und erneut verharren. Dabei müssen wir andere Freiheitsimpulse an uns vorüberziehen lassen. Immanuel Kant etwa, der die Aufklärung als den Weg des Menschen aus seiner selbstverschuldeten Unmündigkeit definierte und damit das moderne Denken prägte – leider nicht so nachhaltig, als daß dieser Satz in heutigen Tagen seine Realisierung gefunden hätte. Erinnern wir weiter an das Toleranzedikt des Großen Kurfürsten, und lassen wir an uns den Philosophen von Sanssouci, Friedrich den Großen, vorüberziehen mit seinem »Jeder soll nach seiner Façon selig werden« mit der revolutionären Neuerung, daß ein Herrscher der erste Diener seines Volkes zu sein habe – ein Gedanke, der sich bei heutigen Politikern noch immer nicht herumgesprochen hat. Oder sein geflügeltes Wort: »Gazetten soll man niedriger hängen«, mit dem er leidenschaftlich *Pressfreiheit* forderte.

So gelangen wir ins 19. Jahrhundert, in dem sich ein Diktator anschickt, Europa zu versklaven. Er marschiert bis Moskau, er verfolgt unschuldige Menschen – ich rufe das Bild des Verlegers Palm in Erinnerung, der im damals österreichischen Braunau von den Soldaten Napoleons erschossen wurde – , er setzt überall seine Vasallenherrscher ein. Er ist ein genialer Machtmensch und ein

99

geschickter Militär. Nein, wir sind nicht im 20. Jahrhundert und sprechen nicht von dem Mann aus Braunau, dem auch nicht in dieser Weise die Ehre eines Fernsehmehrteilers zuteil geworden wäre. Dazu muß man schon mindestens in Frankreich geboren sein. Wir sprechen von Napoleon und dem, was sich in seinem Gefolge in Deutschland ereignet hat. Die größte Erniedrigung Deutschlands nämlich – die großen Niederlagen bei Jena und Auerstedt – sind zugleich die Geburtswehen für eine großartige innere und äußere Selbstbefreiung.

Es ist jetzt fast zweihundert Jahre her, da waren die Deutschen in einer ähnlichen Lage wie heute. Das Biedermeier, die politische Zurückgezogenheit der damaligen Tage, hatte allerdings gegen unsere Massenkultur geradezu noch etwas Kultiviertes. Die Deutschen zogen sich enttäuscht zurück, nachdem ihnen der Kampf für die Freiheit und gegen die Tyrannei Napoleons nichts, aber auch gar nichts eingebracht hatte. Man stritt für Nation und Freiheit an der Seite der Fürsten und siegte. Die Fürsten setzten dann weder Freiheit noch Nation durch. Nur Napoleon war da, wo er nach Ansicht der Deutschen hingehörte: auf der Insel St. Helena. Die Fürsten duldeten keinen Jota Gedankenfreiheit. Den revolutionären Vordenkern der Befreiungskriege wurden reihenweise Maulkörbe umgehängt. Die Lage war für die Deutschen so ähnlich wie für uns heute. Die gleiche Langeweile, wenn man in die Zeitung schaut, sie ereilte auch Hoffmann von Fallersleben:

»Wie ist doch die Zeitung interessant
Für unser liebes Vaterland!
Was haben wir heute nicht alles vernommen!
Die Fürstin ist gestern niedergekommen,
und morgen wird der Herzog kommen,
Hier ist der König heimgekommen,
Dort ist der Kaiser durchgekommen,
Bald werden sie alle zusammenkommen –
Wie interessant! Wie interessant!
Gott segne das liebe Vaterland.

Wie ist doch die Zeitung interessant
Für unser liebes Vaterland!
Was ist uns nicht alles berichtet worden!

Ein Portepeefähnrich ist Leutnant geworden,
Ein Oberhofprediger erhielt einen Orden,
Die Lakaien erhielten silberne Borden,
Die höchsten Herrschaften gehen nach Norden,
Und zeitig ist es Frühling geworden –
Wie interessant! Wie interessant!
Gott segne das liebe Vaterland!

Freilich sind wir heute republikanisch geworden. Der bürgerliche Adel sitzt in den Parteien. Geburtsadel ist nur noch für das Gemüt da. Da konnten noch so viele Menschen ohne Arbeit sein, die Kriminalitätsrate konnte so brutal wie noch nie sein: Das alles ist nichts gegen den neuesten Skandal beim FC Bayern oder gegen die Liebesabenteuer von den Protagonisten des ›Deutschland sucht den Superstar‹. Die Not kann noch so groß sein, die Nebensächlichkeiten regieren und lenken von den wesentlichen Problemen ab. Die Freiheit wird damals wie heute durch die tagespolitischen Nichtigkeiten, durch Magenzwicken und Fußweh der politischen Niederungen bestritten. Vor lauter Nebensächlichkeiten ist man gar nicht mehr imstande, wichtige Dinge zu erkennen.

Wie heute kontrollierten die Mächtigen der Restauration jeden Gedanken, sanktionierten jedes Buch. Professoren wie Arndt wurden von den großen und kleinen übereifrigen und eilfertigen Metternichs in die geistige Verbannung geschickt. Einzelne Buchtitel wurden eingezogen, sie gefährdeten die Mächtigen. Wie mag man es in Einklang bringen mit Demokratie, also Volksherrschaft, wenn heute (nichtgewählte) Ministerialbürokraten wieder mehr denn je Bücher und Zeitschriften einziehen und verbieten. Es werden in diesem Land heute Bücher verboten, oder ihr Weg zum Leser wird dadurch verhindert, daß man sich nicht bewerben darf und daß sie in den Geschäften nicht angeboten werden. Von dieser Einschränkung der Freiheit sprachen wir bereits.

Wäre es nicht in einer solchen Zeit die Pflicht der Literaten, gegen diesen Akt der geistigen Einengung aufzubegehren, so wie es die jungen Literaten der dreißiger und vierziger Jahre des 19. Jahrhunderts getan hatten? Die Literaten schweigen heute, oder sie stimmen mit in den Unisonochor ein. Es ist ja nicht ihre Freiheit, die bedroht ist. Damals gingen die Philosophen ins Gefängnis für ihre Überzeugung.

Es ist bezeichnend, daß man in der Bundesrepublik heute den Dichter Heinrich Heine groß herausstellt, während man von anderen Dichtern nationaldemokratischer Herkunft kaum oder gar nichts mehr hört. Was Heine für die heutige Herrschaftselite auszeichnet, das ist sein antinationaler Impetus, sein Schimpfen über die ›blödsinnigen Nationalen‹. Die Bundesrepublik feiert einen Dichter, der die Freiheitskämpfer gegen Napoleon als Narren bezeichnete.

Demgegenüber sollte man heute wachen Auges einmal jene Zeugnisse deutschen Freiheitswillens betrachten, von denen mancher nichts mehr wissen will. Verständlich, denn sie würden auch zu arg an die heutigen Verhältnisse erinnern.

Hören wir einmal Georg Büchner zu, wie er eine Situation charakterisiert, in der Menschen nur noch ihre vom Staat erpreßten Abgaben zahlen. Heute ist man ja bekanntlich so weit, daß der mittelalterliche Zehnte noch paradiesisch erscheint. Heute gibt man für die Pleitepolitik der Mächtigen die Hälfte seines Erwirtschafteten ab:

»Weil wir im Kerker geboren und großgezogen sind, merken wir nicht mehr, daß wir im Loch stecken mit angeschmiedeten Händen und Füßen und einem Knebel im Munde. Was nennt ihr einen gesetzlichen Zustand? Ein Gesetz, das die große Masse der Staatsbürger zum lohnenden Vieh macht, um die unnatürlichen Bedürfnisse einer unbedeutenden und verdorbenen Minderzahl zu befriedigen.«

Es gab niemals so viel Steuern wie heute. So erfinderisch wie die bundesdeutschen Finanzministerien kann man gar nicht sein. Die Schuldenneuaufnahmen werden immer höher und damit auch die Zinstilgung. Der Staat benötigt immer mehr Geld. Und woher nehmen, fragte schon vor über hundert Jahren der *Landbote*:

»Im Namen des Staates wird es erpreßt, die Presser berufen sich auf die Regierung, und die Regierung sagt, das sei nötig, die Ordnung im Staat zu erhalten.«

Auch das ist ein Stück Freiheit, das wir uns zurückholen müssen, damit unser Geld für unsere Zwecke ausgegeben wird. Die Menschen sind es leid, über die Hälfte des Jahres für den Staat zu arbeiten, der dann die Steuermittel als EU-Nettozahler verschleudert oder sich schamlos auspressen läßt. Da hat der FDP-Fraktionsvorsitzende Gerhardt so unrecht nicht, wenn er das Mittel des Steuerstreiks in die Debatte wirft. Aber es wird nichts draus. Nur leere Worthülsen. Keine Zivilcourage.

Den Enteigneten aus der ehemaligen SBZ wird die kalte Schulter gezeigt. Angeblich sonst so verurteiltes Unrecht der Kommunisten wird billigend in Kauf genommen, wenn es nur dem Staat (also den Politikern) nutzt. Wenn man Glück hat, darf man darüber noch wütende Leserbriefe schreiben. Was macht ein Verleger, der durch Bucheinziehungen in den Ruin getrieben wird, dem man die Entziehung des Gewerberechtes androht?

Deutschlands Denker schweigen. Die deutschen Feuilletons schweigen. Die deutschen Professoren schweigen sowieso. Wo bleibt der Aufruf für die Wiedererringung der Freiheit? Schon damals, zu Anfang des 19. Jahrhunderts, schwiegen viele der namhaften Dichter. Ludwig Börne notiert in seinem Tagebuch 1828/29: »Goethe hätte ein Herkules sein können, sein Vaterland von großem Unrat zu befreien; aber er holte sich bloß die goldenen Äpfel der Hesperiden, die er für sich behielt, und dann setzte er sich zu den Füßen der Omphalen und blieb da sitzen.«

Nun, heute kommen die Literaten längst nicht einmal bis zu der Grenze des Gartens, wo Gäa jenen Apfelbaum gepflanzt hat, dessen Früchte höchste Weisheit spenden. Aber es gibt doch auch hier nicht wenige Schriftsteller, die bemerkt haben, daß etwas faul ist im Staate Deutschland. Sie schweigen, wenn ihnen ihre Buchverträge lieb sind, wenn sie auch weiterhin in Zeitungen besprochen werden wollen. Eitelkeit allenthalben. Selbstsucht und Gewinndenken selbst bei denen, die längst nichts mehr zu verlieren haben.

Wo wird in Deutschland heute wider den Stachel gelöckt? Wo werden neue Ideen ausgebrütet? Wo richtet man sich nicht nach dem sattsam bekannten Status quo-Denken? An den Universitäten etwa? Ludwig Wienbarg stellt 1834 illusionslos fest: »Zur Zeit der Reformation waren die Universitäten Stützpunkte für den Hebel des neues Umschwungs. Gegenwärtig bewegen sie nichts, ja sie sind Widerstände der Bewegung und müssen als solche aus dem Weg geräumt werden.«

Der heutige Staat hat sich auch auf diesem Feld seine Bürger konditioniert. Das Studienwesen ist zur Qualifizierungsmaschinerie verkommen, in denen keine Bildung mehr stattfindet. Wirtschaftliches Denken hat auch hier längst alle Freiheit erstickt. Nicht der freie Geist wird an den Schulen und Universitäten erzogen, kein schöpferischer Impuls, sondern stromlinienförmige Kostgänger und Rädchen im liberalistischen System werden normiert. Noch sind die Zeiten fern, die Erich Kästner einmal glossierte, in denen das gebärfaule Ehepaar sich gleich (wie bei Goethe der Homunculus) seinen akademisch betitelten Nachwuchs bestellen kann. Noch klont man nur Schafe. Wann wird man alle der Wirtschaft lästigen menschlichen Eigenschaften durch Gen-Manipulation beseitigen können?

Das 19. Jahrhundert hat uns eine fundamentale Erkenntnis vermittelt. Aus den Klauen der Monarchie, aus den Klauen Metternichs hat sich das Volk befreien können. Die Idee der Volkssouveränität ist kein Kind der Französischen Revolution, die Idee der selbstbestimmten Völker hat erst Napoleon vor sich hergetrieben, bei der Völkerschlacht zu Leipzig gesiegt, und die Idee der Freiheit der Völker hat die Menschen 1848 auf die Barrikaden getrieben. Nationalismus ist eine freiheitliche Idee. Nationalismus muß demokratisch sein.

Nicht anders war dies übrigens auch im letzten Jahrhundert. Von den vielen Freiheitskämpfen dieses Volkes sei nur noch kurz auf den Arbeiter- und Bauernaufstand vor 50 Jahren erinnert. Innerhalb von Stunden wurde aus einer kleinen Arbeiterkolonne der unerhörte Massenprotest eines Volkes, das Selbstbestimmung, Freiheit und Einheit einforderte. Als die Demonstranten die roten Fetzen vom Brandenburger Tor heruntergeholt hatten und das schwarz-rot-goldene Banner entrollten, da war das ein symbolischer Akt der nationalen Selbstbefreiung. Und 1989 hieß es auch »Wir sind das Volk – Wir sind ein Volk«. Nationalismus ist Freiheitsgedanke. Die Selbstbestimmung der Völker ist der einzige Weg, um eine gerechtere, freiere Weltordnung zu ermöglichen. In der Vergangenheit wurden Herrschaften, die sich auf Bajonetten oder Panzerketten gründeten, über kurz oder lang überwunden. Die Herrschaftsmittel der modernen Imperialisten sind High-Tech, Börsenkurse, Aktienpakete und der Mausklick. Ich bin sicher, wir werden in absehbarer Zeit erleben, wie auch solche Fremdbestimmung von Völkern, die ihre Freiheit suchen, beiseite geräumt ist.

Was lehren uns diese historischen Aufstände, die in der DDR stattgefunden haben? Zweimal in einem Jahrhundert gingen vom Territorium der ehemaligen DDR Freiheitsbewegungen aus. In der Bundesrepublik ist nichts Dergleichen zu erleben. Noch nicht einmal eine echte Oppositionspartei haben die Westdeutschen in die Parlamente gehievt, wenn wir einmal von jenen Grünen absehen, die heute in der Bundesrepublik ›angekommen sind‹. Angekommen meint im Jargon der Klasse in der Bundesrepublik immer, sie leisten keinen nachhaltigen Widerstand, sie sind angepaßt, fügen sich ein. Nichts ist in unseren Tagen offenbar schlimmer, als eine fundamentale Opposition zu fahren. Angebot belebt das Geschäft – offenbar nicht in geistiger Hinsicht. Man stößt allenthalben auf die gleichen Thesen. Eine ungewöhnliche Partei mit ausgefallenem Profil landet hierzulande unter der Rubrik ›Sonstige‹ und wird nicht weiter erwähnt.

Opposition ist heute überall anders möglich, nur nicht in Deutschland. Ganz zu schweigen von den revolutionären Bewegungen, wie wir sie zum Beispiel beim Arbeiteraufstand oder bei der Wende von 1989 erlebt haben. Woran liegt das? Eine Ursachenforschung dürfte eine ganze Reihe von jungen Autoren zur Arbeit, zum Denken anregen. Warum also ist unser System oppositionsresistent? Eine Antwort liegt gleichermaßen im Rahmen unserer Überlegungen geradezu auf der Hand.

Schauen wir uns doch einmal an, wie das historische Bewußtsein in der DDR ausgeprägt war. Während die Etablierten der Bundesrepublik auf alles gespuckt haben, was als Glanzlicht der deutschen Vergangenheit bis in Gegenwart und Zukunft strahlte, hat man in Mitteldeutschland historische Traditionen gehegt und gepflegt. Friedrich der Große wurde hier zum Despoten hochgeschaukelt, dort zu dem, was er war. Ein aufgeklärter Herrscher in einer dunklen europäischen Zeit. »Preußens Glanz und Sachsen Gloria«, ein ausgezeichneter Geschichtsfilm, er wurde in der DDR gedreht. Im Westen wäre derlei sogleich unter Faschismus-Verdacht gestellt worden. Ich erinnere mich an einen glänzenden DDR-Streifen, der die Freiheitskriege thematisierte. Bei uns ist der Film »Kolberg« noch immer unter Verschluß. In der DDR wurden gewisse historische Traditionen gepflegt. Die Vergangenheit wurde nicht wie hier grundsätzlich und immer negativ aus Schuld und

Sühne definiert. Die Menschen in der DDR waren noch fähig, in den Spiegel zu schauen, sie fühlten sich als Teil eines Volkes, das Großes in der Vergangenheit erreicht hat, das sich geistig und politisch befreit hat, in dem Innovation und Wertebewußtsein herrschte.

Das alles vermittelte ein ungestörter, identitätsstiftender Umgang mit der Geschichte. Daraus ergibt sich die zwingende Logik: Nur mit einem solchen wachen Bewußtsein können Menschen die Fesseln einer fremdbestimmten Herrschaft in dem Augenblick abschütteln und sich zur Selbstbefreiung erheben. Hier hingegen hat man uns die Geschichte und das Geschichtsbewußtsein ausgetrieben, wohl wissend, daß sonst auch bei uns plötzlich der Sturm der deutschen Selbstbefreiung über dieses Land fegen würde und all das hinwegreißen würde, was sich an geistigem Schutt, an politischem Unverstand und an moralischer Verkommenheit in einem halben Jahrhundert angesammelt hat.

Was hilft es, wenn etwa Dichter heute wieder das Lied der Freiheit singen würden? Wenn auf deutschen Bühnen statt Unrat und Perversion die verlorene Sittlichkeit eingeklagt würde? Was würde es helfen, wenn Romane geschrieben würden, in denen es etwa um Selbstbefreiung, gar nationale, gehen würde? Wo ist der Roman zur deutschen Einheit? Welcher Schriftsteller hat die Dramatik der Montagsdemonstrationen von Leipzig zum Anlaß genommen, sie zu ›ver‹dichten? Und wenn es so wäre, was würde es bringen?

Auch hier kann man nur raten: Schaut in das 19. Jahrhundert. Schaut Euch an, wie die Wirkung eines Fichte war, der seine Reden an die deutsche Nation hielt, als draußen französische Häscher unterwegs waren. Arndt bewegte die Deutschen zur Tat. Man sprach über die Nöte und Hoffnungen eines gebeutelten Volkes und stiftete es so zur Freiheitstat an. Die Dichter der damaligen Zeit droschen aber nicht nur hohle Phrasen, sie gingen selbst mit auf die Barrikaden.

Ihr Ziel war ein freier Geist. Vielleicht gibt es bald auch in unserer heutigen Zeit ›zornige junge Männer‹, die nichts mehr zu verlieren haben, unverbrauchte Geister, die sich mit der Unterstützung ihrer Großväter (die 68er Väter werden ihnen kaum helfen) zu neuen Ufern aufmachen.

Jenen, die meinen, dies alles sei gar nicht so schlimm und für einen kritischen Leserbrief hier oder da würde es noch reichen, denjenigen, die meinen, allein die Existenz eines nationalen Verlags oder einer nationalen Partei sei Grund genug, bequem zu schweigen, die mögen nicht vergessen, daß das Stutzen von Idealen der erste Schritt auf dem Weg zur totalen Unfreiheit ist. Freiheit zu verlieren ist leicht und erfordert höchstens Feigheit, sie zu erringen, dazu bedarf es der Tapferen und Standhaften in diesem Lande.

Lassen Sie mich zum Schluß kommen: Man wird ja heute bescheiden. Von einem revolutionärem Umbruch zu träumen – wer tut das schon? Daß nationale Positionen einmal die Politik bestimmen könnten, daß nationale Interessen deutsche Außenpolitik leiten könnte – ein Hirngespinst, so scheint es. Daß, um das geflügelte Wort zu benutzen, »Deutschland den Deutschen« gehören sollte – ein unerreichbares fernes Ziel. Selbst wenn all die Flüchtlinge, die in unser Land in der Hoffnung auf ein besseres Leben kommen, selbst wenn diese alle wieder nach Hause gingen. Selbst wenn in einer Frankfurter Grundschulklasse auch wieder Deutsch gesprochen würde, wenn man sich in manchen Arbeitervierteln großer deutscher Städte nicht mehr wie ein Fremder im eigenen Lande fühlen würde, selbst dann wäre es noch nichts mit der Forderung »Deutschland den Deutschen«. Uns gehört das Land nicht mehr, weil wir es geistig nicht mehr besitzen, uns gehört das Land nicht mehr, weil wir es aufgegeben haben. Viel zu viele haben ihre historischen Wurzeln abgeschnitten – der Phantomschmerz wird mit Medien bekämpft, den modernen Drogen unserer säkularisierten Welt. Wir sind viel genügsamer geworden in den letzten Jahrzehnten.

Wenn man heute einen Traum hat, dann ist dieser Traum höchst bescheiden geworden. Ich habe einen Traum, daß die Grabert-Bücher, die Bücher des Kollegen Arndt und vielleicht auch unsere Novitäten neben denen eines Guido Knopp liegen könnten. Friedlich nebeneinander. Der Bürger, der Leser könnte einfach entscheiden. Nur der Bürger. Keine Bundesprüfstelle, keine politische Partei, kein Verfassungsschutzamt und kein Richter. Ein bißchen Freiheit.

Ich habe einen Traum, daß bei Sabine Christiansen plötzlich ein Bernd Dröse, Sven Eggers oder ein Volker Biek sitzen könnten. Die Gesichter der Disputanten, man kann sich allein bei dem Gedanken daran ergötzen. Die immer gleichen Fragen, die immer gleichen Antworten – und plötzlich Widerspruch. Und der Bürger könnte entscheiden. Nicht eine freiwillige ›Selbstzensur‹, die uns tagtäglich abnimmt, was wir zu denken haben, nicht irgendeine Partei, kein Verfassungsschutz, der den Damen und Herren der Intendanz sagt, mit dem darf man diskutieren und mit dem nicht. Nur der Bürger könnte entscheiden.

Ich habe einen Traum, daß ein Frank Rennicke auftreten kann, neben allen anderen, sagen wir auf einer Antikriegsdemo. Und die Bürger könnten entscheiden, ob man als angeblicher Rassist gegen den Krieg sein darf.

Ich habe den Traum, daß wir unsere Argumente in die Waagschale werfen können, daß wir gefordert sind, daß etwas von dem Geist der Freiheit und der Demokratie in diese Gesellschaft Einzug hält, wovon das Grundgesetz so romantisch schwärmt.

Ich habe den Traum, daß die Ängstlichen sich daran erinnern, daß sie einmal mehr Demokratie wagen wollten.

Ich habe den Traum, daß ein unverstellter Blick in die Geschichte die Verzagten unserer Zeit wieder aufrichtet und ihnen Mut und Kraft gibt, die Fesseln der Umerziehung abzuschütteln und die Ketten geistiger Bevormundung zu sprengen.

Ich habe den Traum, daß diejenigen, die im Feld für dieses Land geblutet und ihre Knochen hingehalten haben, die im Sperrfeuer der Roten Armee aushielten, damit Nestbeschmutzer wie Philip Reemtsma oder Dieter Hildebrandt leben konnten, ich habe den Traum, daß diese Soldaten ins Gespräch kommen, daß man frei über sie und mit ihnen reden darf. Eines ist sicher: Wenn wir frei reden, schreiben und verbreiten könnten über die Leistungen, über Not und Opfer, dann wird unseren Soldaten die Sympathie aller Aufrechten gewiß sein.

Ich habe den Traum, daß wir frei über Vergangenheit und Zukunft dieses Landes und seines Volkes reden können, dann werden nämlich die Liebe zu diesem Lande und der Stolz auf dieses Land gewiß sein. Deshalb haben die Totschweiger und Unterdrükker ja diese entsetzliche Angst, mit uns zu reden.

Friedrich Karl Freiherr von Moser hat 1796 in seinen *Politischen Wahrheiten* einer Hoffnung Ausdruck gegeben. Das ist nun 200 Jahre her. Da wird es Zeit, daß sich diese Hoffnung endlich erfüllt: »Man kann unstreitig zu unsern Tagen vieles sagen, was man noch zu den Zeiten unsrer Väter kaum leise denken durfte. Vielleicht kommt noch in dem folgenden Jahrhundert die Zeit, wo man alles, was man denkt und glaubt, laut sagen darf.«

Und wenn man erst einmal wieder alles laut sagt, dann werden den klugen Worten auch tapfere Taten folgen. Dann wird endlich die Stunde einer neuen Freiheit schlagen, dessen bin ich mir sicher.

Globalisierungsopfer Deutschland
Der Ausverkauf der deutschen Wirtschaft

Dr. Alfred Mechtersheimer

Einleitung

Bei der Flut von Schriften über die Gefahren der Globalisierung wird ein Bereich nur gelegentlich und punktuell behandelt: die wirtschaftliche Globalisierung. Zwar wird der globale Handel ausführlich dargestellt, weniger aber die ›Entnationalisierung‹ der Unternehmen. Bei der Untersuchung beispielsweise von Handelsströmen zwischen Staaten oder Regionen wird stets ausgeblendet, daß ein wachsender Teil der Importe und Exporte innerhalb derselben Konzerne stattfindet.

Diese ›Entgrenzung‹ des Wirtschaftens hat weitreichende Folgen. Die nationalstaatlichen Regierungen, die nach wie vor die wachsende Last der öffentlichen Aufgaben zu bewältigen haben, sind dem Druck mächtiger, weltweit operierender Konzerne ausgesetzt, die sich dabei nicht selten der Unterstützung ihrer jeweiligen Regierung bedienen. Dadurch wird der Handlungsspielraum der Politik immer weiter eingeschränkt. Von ›Volkswirtschaft‹ läßt sich schon lange nicht mehr sprechen. Die globalisierte Wirtschaft läßt eine gezielte Politik für den Standort Deutschland kaum mehr zu. Deshalb sind die aktuellen staatlichen Finanzkrisen nicht zuletzt eine Folge dieser strukturellen Veränderung des Verhältnisses von Wirtschaft und Politik.

Diese Entwicklung wäre auch ohne die Veränderung der Besitzverhältnisse vieler Unternehmen dramatisch. Lange vollzog sich der Aufkauf deutscher Unternehmen schleichend. Aber mit der Übernahme und Zerschlagung der Mannesmann AG im Jahre 2000 durch die britische Vodafone setzte eine Welle von Aufkäufen deutscher Traditionsunternehmen ein, die sich bis heute fortsetzt und jetzt mit der Übernahme des Wella-Konzerns mit dem deutschen Parfüm-Marktführer (u.a. 4711) durch den US-Riesen Procter & Gamble einen neuen Höhepunkt erreicht. Die Frage nach einem Ausverkauf der deutschen Wirtschaft hat einen sehr realen Hintergrund erhalten.

Eine ganz neue Qualität des Firmenaufkaufs zeichnet sich in jüngster Zeit im Medienbereich ab. Bisher gab es einen starken Konsens in der Bundesrepublik, den sensiblen Bereich des kommerziellen Fernsehens vor ausländischem Einfluß zu schützen, das haben die Medienmogule Murdock und Berlusconi immer wieder zu spüren bekommen. Nun aber schickt sich der israelisch-amerikanische Milliardär Haim Saban an, den Großteil der Konkursmasse des Medienkonzerns Kirch unter seinen Einfluß zu bekommen. Und er läßt keinen Zweifel daran, daß er sein Engagement nicht nur als Finanzinvestition versteht. Die Gefahr der ›informationellen Fremdbestimmung‹ ist akut geworden.

Ein Tag im Leben des Michel Ahnungslos

Irgendwo in Deutschland. Es ist 7 Uhr morgens: Michel Ahnungslos wird von seinem Wecker aus dem Schlaf gerissen. Es ist ein Reisewecker von **Junghans**. Schlaftrunken bewegt sich unser Michel Ahnungslos ins Bad. Er läuft dabei über **Linoleum**. Er greift zu seinem **Braun**-Rasierapparat. **Rexona** steht auf seiner Seife. Zum Frühstück trinkt er **Dallmayer Prodomo**-Kaffee. Dann hastet unser deutscher Michel zu seinem Auto, einem **Opel**. Ein Traktor der Marke **Fendt** versperrt ihm den Weg. Sodann schaltet er sein Autoradio ein. Es ist ein **Becker**-Radio. Während der Fahrt hört unser Freund in den Nachrichten, daß der Aktienkurs seines Unternehmens deutlich gestiegen ist. Er arbeitet bei **Beiersdorf**, der die größte Körperpflegemarke der Welt herstellt, nämlich **Nivea**, aber auch **Tesa**, **Hansaplast** oder REXONA und vieles vieles mehr. Michel Ahnungslos kann sich über den steigenden Aktienkurs seines Arbeitgebers nicht freuen. Er wird blaß und bekommt Angst.

Unser Michel Ahnungslos – durchaus ein patriotisch gesinnter Mann – geht davon aus, daß er Produkte aus dem eigenen Land genutzt hat. Das trifft vordergründig auch zu. Die Artikel tragen oft ›Made in Germany‹ und gelten nicht selten in der ganzen Welt als Inbegriff deutscher Wertarbeit. Tatsächlich aber ist keines der Unternehmen, deren Produkte unser braver Michel verwendete, noch in deutschem Besitz. Die Liste wäre noch viel länger, wenn wir Michel Ahnungslos den ganzen Tag bis in die Nacht begleiten würden. Glauben Sie ja nicht, daß beispielsweise die folgenden Marken noch deutsche Marken sind: **Knorr-Suppen, Wybert-La-kritz-Pastillen, Schöller**-Eis, Zigaretten **West** oder **Ernte 21, Becks'-**Bier, **Hasseröder,** bei der größten deutschen Hotelkette **Dorint** haben die Franzosen das Sagen, **Varta**-Batterien werden schon bald vollständig von ausländischen Besitzern hergestellt, Europas größter Bäcker **Kamps** gehört dem italienischen Nudelkonzern **Berilla,** der Schokoladenkonzern **Stollwerck** ist in der Schweiz gelandet. Die Reste von **Dornier, Grundig, Babcock Borsig, Schneider** und vielen anderen deutschen Traditionsunternehmen sind an ausländische Firmen verscherbelt worden. . .

Was unser Michel nicht weiß: Das Traditionsunternehmen **Junghans** aus dem Schwarzwald war bis 2000 Teil des Nürnberger Rüstungs- und Investitionsgüterkonzerns Diehl. Heute gehört die Uhrenfabrik zur Egana-Holding. die ihren Sitz in Hongkong hat. Der Bodenbelag **Linoleum** – eine Marke, die zum Gattungsbegriff geworden ist – kommt von den traditionsreichen schwäbischen ›Deutschen Linoleum Werken (DLW)‹ in Bietigheim-Bissingen. Das Unternehmen mit 4000 Mitarbeitern in 18 Produktionsstätten wurde 1998 vom weltgrößten Bodenbelaghersteller Armstrong, Lancaster/Pennsylvania, aufgekauft. Die **Braun** GmbH in Kronberg im Taunus, die Rasierapparate und vieles mehr herstellt, gilt bei einem Umsatz von 1 Mrd. Euro als »der profitabelste Kleingerätehersteller der Welt«. Doch dieses Juwel der deutschen Industrie ist bereits seit 1967 eine Tochter des US-Konzerns Gillette aus Boston, zu 100 %. **Rexona** kommt vom britisch-niederländischen Unilever-Konzern. **Dallmayr** gilt in der Öffentlichkeit als Inbegriff eines typisch bayerischen Unternehmens. Nicht ganz falsch, aber es ist auch eine Nestlé-Marke, weil der Schweizer Konzern seit 1985 mit 50 % am Kapital beteiligt ist. Die meisten wissen es, aber bewußt ist es den wenigstens: **Opel** ist Teil von General Motors. Bereits 1928 hat die Familie Opel das Automobilwerk an den US-Konzern verkauft. Der deutsche Marktführer **Fendt** aus Marktoberdorf war der letzte deutsche Traktorenbauer, bevor er 1998 von der US-amerikanischen Agco-Gruppe geschluckt wurde. Geblieben ist von dem Allgäuer Traditionsunternehmen nur die Marke Fendt. Das Karlsfelder Unternehmen, das das Qualitätsradio **Becker** herstellt, gehört seit Mitte der neunziger Jahre dem Softwareunternehmen Harman International Industries, Washington DC. Angst bekommt unser Freund bei der Nachricht über seinen Arbeitgeber Beiersdorf. Der britisch-niederländische Konsumartikelriese Unilever hat sein Interesse an der Übernahme von **Beiersdorf** bekundet, der bisher der Allianz und der zerstrittenen Tchibo-Kaffeerösterfamilie Herz gehört. Michel fürchtet um seinen Arbeitsplatz; denn wenn die Aktienkurse steigen, fallen Arbeitsplätze weg, wie das fast immer nach Firmenübernahmen geschieht.

Der Ausverkauf der deutschen Wirtschaft ist im vollen Gange

Der Ausverkauf der deutschen Wirtschaft hat alle Branchen erfaßt und reicht von Werften wie HDW bis zu kleinen mittelständischen Firmen, wie etwa dem Hersteller der Heftzange **Juwel**. Der Mainzer Hersteller wurde jetzt von dem schwedischen Heftklammermulti Isaberg Rapid übernommen, und – was nicht selten ist – die Produktion wurde in Deutschland eingestellt.

In Rahmen eines Forschungsprojekts registrieren wir alle wichtigen Übernahmen in Deutschland. Ich nenne Ihnen hier nur einige der größeren Übernahmen seit 2000, um zu verdeutlichen, welche Dimensionen der Ausverkauf der Deutschen Wirtschaft bereits heute erreicht hat.

Haindl-Papier, Augsburg und Schongau
Das über 150 Jahre alte Familienunternehmen ist Deutschlands größter Hersteller von Zeitungsdruckpapier. Das Papierwerk entstand im ersten Jahr nach der Revolution 1848, als der Papiermachergeselle Georg Haindl die Zeichen der Zeit erkannte. Seit 2001 gehört das Traditionsunternehmen zum finnischen Papierkonzern UPM-Kymmene.

Die Neusiedler-Gruppe, Österreich
Dieser Papierkonzern, der auch in Deutschland stark vertreten ist, gilt als der größte europäische Hersteller holzfreier Papiere für die Bürokommunikation. Die Gruppe, die auch in Rußland und Israel große Übernahmen vorgenommen hat, ist seit August 2000 eine Tochter der Mondi Europe. Diese wiederum ist Teil der Anglo American, dem größten von einer Familie kontrollierten Un-

ternehmen der Welt, zu dem auch der weltgrößte Diamantenkonzern De Beers gehört. Die Familie heißt Oppenheimer.

Vattenfall AB, Stockholm
Der staatliche schwedische Energiekonzern ist klammheimlich der drittgrößte Energiekonzern in Deutschland geworden. Fast zwei Drittels eines Umsatzes machen die Schweden in Deutschland. Zu Vattenfall gehören die vier deutschen Unternehmen Hamburger Elektrizitätswerke HEW, Veag, Laubag und die Berliner Bewag. Deshalb weht bei feierlichen Anlässen am Brandenburger Tor nicht Schwarz-Rot-Gold, sondern die Fahne des schwedischen Konzerns. Die ausländischen Investoren sind mit der politischen und administrativen Elite in Deutschland eng verbunden, was in diesem Fall daran abzulesen ist, daß der Vorstandsvorsitzende von Vattenfall Europe zuvor Leiter der bayerischen Staatskanzlei war.

Reemtsma Cigarettenfabriken, Hamburg
Der englische Zigaretten-Konzern Imperial hat 2002 für insgesamt 6,8 Mrd. Euro den größten deutschen Tabakkonzern übernommen. 1980 erwarb die Tchibo Frisch-Röst-Kaffee AG, die der Familie Herz gehört, die Mehrheit der Anteile von Gertrud Reemtsma und ihrem Sohn Jan Philipp. Mehr als 60 Zigarettenmarken werden in über 10 Ländern produziert und in mehr als 100 Ländern vertrieben. Weltweit war Reemtsma die Nummer vier. Das zum zehnjährigen Firmenjubiläum 1920 geschaffene Reemtsma-Logo, der stilisierte Bugsteven eines Wikingerschiffes, soll Mut, Weltoffenheit und unternehmerisches Handeln sowie die altfriesische Herkunft der Gründerfamilie symbolisieren. Das hinderte weder die Familie Reemtsma noch die nachfolgende Familie Herz daran, sich ihrer unternehmerischen Verantwortung zu entziehen und Kasse zu machen.

Aral und DEA aufgekauft
Künftig werden auf den Straßen viel mehr blaue Tankstellen der Marke **Aral** zu finden sein als bisher. Wer jetzt meint, eine deutsche Firma habe ihre Marktposition verbessert, irrt sich, denn diese Traditionsmarke **Aral**, die zur Veba gehörte (jetzt Eon), wurde im vergangenen Jahr von der britischen BP übernommen. Gleichzeitig hat der britisch-niederländische Öl-Multi Shell den Groß-

teil der DEA-Tankstellen aufgekauft, die bisher zu RWE gehörten. Angenommen, es wollte jemand aus Protest gegen einen Krieg der USA und Großbritanniens mit einem Verzicht auf Waren aus diesen Ländern reagieren, dann läuft er Gefahr, mit leerem Tank stehen zu bleiben, denn Tankstellen in deutschem Besitz gibt es nur noch wenige. Im sogenannten ›up-stream‹-Bereich, das heißt bei Exploration und Förderung von Erdöl und Erdgas, war Deutschland schon seit längerem bedeutungslos. Jetzt ist es auch im sogenannten ›down-stream‹-Bereich, das heißt bei den Raffinerien und Tankstellen, kein Faktor mehr, weil sich ausländische Konzerne den wichtigen deutschen Markt fast völlig unter sich aufteilen.

Howaldtswerke Deutsche Werft AG (HDW)

HDW hält bei außenluftunabhängigen U-Booten, die mit Brennstoffzellen angetrieben werden, einen Weltmarktanteil von 80 %. Heute gehört dieses Juwel des Schiffbaus dem US-amerikanischen Finanzinvestor One Equity Partners (OEP). Babcock-Chef Lederer überließ das HDW-Aktienpaket seines Hauses diesem US-Investor und fädelte auch den Verkauf der Preussag-Anteile an OEP ein. Lederer, mit einer Amerikanerin verheiratet, ist mit dem OEP-Chef Richard Cashin befreundet und hält auch zu anderen US-Managern engen Kontakt. Die Pläne, 20 % des HDW-Kapitals an den großen US-Rüstungskonzern Northrop Grumman weiterzuverkaufen, zeigen, daß hinter diesen Übernahmen ein gezieltes politisch-technologisches Interesse steht. Deshalb greift die US-Industrie auch nach der Panzertechnologie und demnächst wohl auch nach dem Triebwerksbauer MTU.

Gründe für den Ausverkauf

1. Deutsche Firmen sind derzeit besonders preiswert. Die Kurse der AGs sind in den vergangenen drei Jahren zwar weltweit gefallen, ja geradezu eingebrochen, aber nirgends so sehr wie in Deutschland. Wenn die Konjunktur in den USA vor der in Europa wieder anspringen sollte, wird dies den Aufkauf deutscher Unternehmen weiter beschleunigen. Wer die Lufthansa kauft, zahlt für alle Flugzeuge einen extrem günstigen Preis

und bekommt das gesamte sonstige Unternehmen kostenlos dazu. So sehr ist die Börsenkapitalisierung unter den realen Wert der Unternehmen gefallen.

2. Derzeit schreiben viele Unternehmen nur noch deshalb schwarze Zahlen, weil sie das Tafelsilber verkaufen, das heißt Tochterfirmen und Beteiligungen. Um einen guten Preis zu erzielen, werden zumeist die besonders einträglichen Unternehmen angeboten. Früher konnten beispielsweise die Allianz oder die Deutsche Bank einspringen, wenn ein wichtiges Unternehmen, etwa ein Techologieführer, von einer ausländischen Firma übernommen werden sollte. Heute müssen sie selbst verkaufen, um einen Papiergewinn zu erzielen oder sich von großen Abschreibungen zu entlasten. Kapitalkräftige ausländische Unternehmen nutzen diese Schwächen erfolgreich, um in die ›Deutschland AG‹, die ohnehin bereits stark angeschlagen ist, noch tiefer einzubrechen.

3. In Deutschland sind die Konzernmanager besonders stark auf die Mode der ›Konzentration auf den Kernbereich‹ fixiert. Die bewährten Prinzipien der Diversifikation und des Branchenmix gelten nicht mehr. Dieser Trend wird auch von den sogenannten Analysten begünstigt, die die Aktie eines Unternehmens allein schon deshalb besser bewerten, weil ein oder wenige Kerngeschäftsfelder leichter zu überblicken sind. Die abzustoßenden sogenannten Rand-Aktivitäten sind für ausländische Konkurrenten oft eine interessante Investition, weil sie sich dadurch auch für ihre eigenen Produkte einen Marktzugang günstig erschließen und einen Wettbewerber ausschalten können.

4. Auch in dem Irrglauben an die schiere Größe lassen sich deutsche Konzernleitungen ungern übertreffen. Die ›Fusionitis‹ war in vielen Fällen ein Flop. Die meisten der so entstandenen Weltkonzerne gibt es heute nur noch deshalb, weil der deutsche Kernbereich das Überleben sicherte. So bei Daimler-Chrysler, aber auch bei BMW, das viele Milliarden Euro auf der britischen Insel vergraben hat. Besonders stark war der Größenwahn bei Leo Kirch und bei den Haffa-Brüdern. Ihre Firma EM.TV zahlte 2000 für die Firma mit den weltbekannten **Mup-**

pet-Figuren **Kermit** und **Miss Piggy** den horrenden Preis von 680 Mio. $. Jetzt hat die amerikanische Familie das Unternehmen für ganze 89 Mio. $ zurückgekauft. Eine noch größere Kapitalvernichtung hat freilich der frühere **Telekom**-Chef Ron Sommer zu verantworten, der für die Vernichtung der Milliarden DM von deutschen Kleinanleger bei seinem Abschied fürstlich entlohnt wurde. Nicht selten war der Griff ins Ausland der Auslöser für die Übernahme des Angreifers. So ging der Übernahme des **Mannesmann**-Konzerns durch Vodafone die Übernahme der britischen Mobilfunkgesellschaft **Orange** durch den Mannesmann-Chef Esser voraus.

5. Oft sehen die Wettbewerbsbehörden eine Marktbeherrschung und laden dadurch immer wieder ausländische Konzerne nach Deutschland ein. Dann investiert beispielsweise in Baden-Württemberg zur angeblichen Sicherung des Wettbewerbs ein französischer Energiekonzern, der im eigenen Land eine Monopolstellung hat. Besonders absurd ist diese Ungleichheit im Medienbereich, wenn zum Beispiel in den USA kein ausländischer Investor mehr als 20 % der Stimmrechte an Fernsehsendern erwerben darf, solche Begrenzungen für einen US-Medienkonzern in Deutschland aber nicht bestehen.

6. In Deutschland besteht eine irrige Vorstellung vom Charakter der sogenannten multinationalen Konzerne, der „Multis". Der virulente antinationale Komplex der Deutschen verleitet zu der Annahme, ein Weltkonzern sei so etwas wie eine supranationale Kraft jenseits der einzelnen Länder. In Wirklichkeit gibt es gar keine ›Multis‹ in diesem Sinne. Denn General Motors beispielsweise ist ein US-Konzern, Total Fina Elf (künftig nur noch Total) ein französischer und Ikea ein schwedischer und sonst nichts. Diese Konzerne sind zwar weltweit tätig, aber ihre wirtschaftlichen, finanziellen und politischen Machtzentren liegen eindeutig in ihren Heimatländern. Nur deutsche Konzernchefs wie etwa bei Bertelsmann fühlen sich überall zu Hause, allenfalls in Gütersloh oder München, aber nicht in Deutschland.

7. Sind die Manager mental nicht globalisiert, sind sie nicht selten amerikanisiert. Dazu gehört die Familie Haub vom Tengelmann-Konzern (Plus, A&P, kd, kaiser's drugstore, OBI). Die

Familie ist auch privat stark auf die USA ausgerichtet. Dort züchtet Erivan Haub auf einer Ranch in Wyoming Büffel und die drei Söhne sind amerikanische Staatsbürger. Bei der Feier zum 60jährigen Bestehen des Soldatensenders AFN im März 2003 – also während des Bombardements auf Bagdad – beendete Helga Haub, die Frau des Firmenchefs, ihre in englischer Sprache gehaltene Ansprache als Schirmherrin mit »God bless America«.

8. Selbstverständlich kann es ausländische Übernahmen nur dann geben, wenn ein deutscher Eigentümer verkauft. Vorstandschefs sträuben sich nicht selten anfangs gegen den Besitzerwechsel. Sie lenken dann zumeist ein, weil sie ihre Posten behalten wollen. Insbesondere die US-Konzerne sind in der Lage, andere Bieter auszustechen. Beispiel: Weil Procter und Gamble für **Wella** rund 400 Mio. Euro – bei einem Kaufpreis von 6,5 Mrd. Euro – mehr als Henkel boten, hat die in der Schweiz lebende verzweigte Familie Ströher schließlich an den US-Konzern verkauft. Weder diese Familie noch Henkel war es 400 Mio. Euro wert, den Wella-Konzern im Land zu belassen. Patriotismus ist bei diesen Geschäften keine Kategorie, und der Staat, der im Interesse des Gemeinwohls schon der Arbeitsplätze wegen handeln müßte, tut nichts.

9. Das ist nicht verwunderlich, denn Politiker aller Parteien lassen sich ohne Skrupel zu Interessenvertretern ausländischen Kapitals machen. Jüngster Fall ist Horst Teltschik, der außenpolitische Berater von Ex-Kanzler Helmut Kohl. Er hat sich als ›Präsident Boeing Deutschland‹ verdingen lassen und soll den Verkauf der Boeing-Flugzeuge in Europa fördern. Der frühere hoch dotierte Regierungsberater arbeitet also gegen den europäischen Airbus, der mit viel Steuergeldern gegen Boeing aufgebaut wurde. Der US-Banker Christopher Flowers wird beim Versuch, die Bankgesellschaft Berlin zu übernehmen, von Ex-Bundesfinanzminister Theo Waigel beraten, ein anderer Investor hat sich des Beistands des früheren Bundesbank-Chefs Karl Otto Pöhl und des FDP-Politikers Otto Graf Lambsdorff versichert. Ex-Außenminister Klaus Kinkel berät die US-Investmentbank Lehman Brothers. Auch bei der ominösen Carlyle-Group, Washington, in der Ex-US-Präsident George Bush senior, Ex-

US-Außenminister James Baker, Ex-US-Verteidigungsminister Carlucci und viele andere ihre Zugehörigkeit zu früheren US-Administrationen zu Geld machen, sind Deutsche beteiligt, wie der ehemalige Bundesbank-Präsident Karl-Otto Pöhl und der Ex-BMW-Vorstand Eberhard von Kuenheim als Mitglieder des Beirats. In welchem anderen Land gibt es so viele vaterlandslose Politiker?

Die deutschen Aufkäufe im Ausland

Natürlich kaufen auch deutsche Unternehmen im Ausland Firmen auf. Aber da gibt es große Unterschiede. Zunächst haben sich, wie erwähnt, deutsche Manager bei ihrem Auslandsengagement oft die Finger verbrannt und viel Geld ihrer Aktionäre vernichtet. Wichtiger ist folgender Unterschied. Deutsche Aufkäufe konzentrieren sich auf kulturell neutrale Bereiche, wie den Energiesektor oder den Maschinenbau, während ausländische Aufkäufer auf den Konsumgüterbereich und damit auf die Lebensgewohnheiten und letztlich das Denken, die Normen zielen. Bei der Versorgung der US-Truppen und der Bevölkerung im Irak legt das Pentagon großen Wert auf die Marken, vor allem bei Lebensmitteln. Der zuständige Direktor im Pentagon sagte dazu, Lebensmittel seien ein universeller, gemeinsamer Nenner. Das heißt, ein großer Teil der US-Exporte ist Teil einer umfassenden politischen Strategie der Amerikanisierung der Welt, also nicht nur der ökonomischen, sondern auch der kulturellen. Nicht in jedem Fall steht hinter den Aufkäufen in Deutschland dieser konsequente Machtwille. Aber die US-Wirtschaftsführer begreifen ihre Erwerbungen grundsätzlich als einen Dienst für Amerika. Dadurch wird die bestehende Abhängigkeit auf dem militärischen und politischen Sektor durch einen spezifischen Faktor verstärkt. Es könnte sich lohnen, in der nächsten Zeit darauf zu achten, ob gegen die im Zusammenhang mit dem Irakkrieg in Ansätzen deutlich gewordenen Emanzipationsbestrebungen europäischer Regierungen die Übernahmeaktivitäten durch US-Firmen zunehmen. Das heißt, die Kritik aus Berlin, Paris und Moskau könnte durch einen verstärkten US-Einfluß auf die europäische Wirtschaft beantwortet werden.

Wie kann Deutschland dem drohenden Ausverkauf widerstehen? Gegen die Überlegenheit der USA hilft nur eine konsequente Rückbesinnung auf das nationale Interesse. Den missionarischen Energien, die der fundamentalistische säkulare Glaube in den USA freisetzt, kann das ›alte‹ Europa nichts Vergleichbares entgegensetzen. Aber es kann sich wehren, noch größeres Opfer zu werden. Dazu gehören:

1. die Erkenntnis, daß die USA eine Globalisierung vortäuschen, die angeblich allen Menschen Anteil an Wachstum und Fortschritt ermöglicht. In Wahrheit aber praktizieren die USA den freien Handel nur so weit, wie er ihnen Vorteile bringt. ›Globalisierung‹ ist Tarnung für einen rigorosen Nationalismus, der nach dem 11. September 2001 deutliche Züge eines Chauvinismus zeigt;

2. die Erkenntnis, daß das politische System der USA von einer Machtclique beherrscht wird, die Meinungsfreiheit nur insofern gewährt, als sie nicht die Herrschaftsstrukturen in Frage stellt. Diese Herrschaftsclique betreibt zur Zeit besonders intensiv eine persönliche Bereicherung, die sogar vor völkerrechtswidrigen Kriegen nicht zurückschreckt. Im Irak darf nach US-Vorbild das Volk nur im Rahmen der von Washington gesetzten Grenzen mitwirken. (Vor diesem Hintergrund konnte der Witz die Runde machen, wonach Bush dann, wenn im Irak die Demokratie eingeführt ist, dies auch zu Hause versuchen wird.)

3. die Erkenntnis, daß die Vertreter der US-Interessen in Deutschland als solche entlarvt werden müssen. Deutlicher als bisher muß unterschieden werden zwischen Parteien und Personen, die sich von nationalen oder von fremden Interessen leiten lassen. Über die US-amerikanische Meinungsindustrie und ihre verlängerten Arme in Deutschland wird verstärkt aufgeklärt werden müssen. Enttarnt werden müssen die Personen und Organisationen, die das Denken der Menschen manipulieren.

Es gibt Hoffnung

Hoffnung gibt es vor allem deshalb, weil immer mehr Menschen in Deutschland begreifen, daß mit der Hypothek einer längst verjährten deutschen Schuld das Land nicht wieder auf die Beine kommen kann. Diese Hypothek ist längst abgetragen. Dennoch wird sie nicht gelöscht. Der Irakkrieg aber hat vielen die Augen geöffnet über den Charakter angelsächsischen Machtstrebens und die rücksichtslose Entfaltung des Vernichtungswillens. Es war eine Fügung, daß mitten in die durch das Buch von Jörg Friedrich ausgelöste Diskussion der Irak-Krieg an die lange verdrängten Verbrechen der Alliierten im Zweiten Weltkrieg erinnerte und eine Kontinuität des Grauens über Hiroshima und Vietnam sichtbar machte. Bei den ›deutschnationalen‹ (linksextreme ›Jungle World‹) Demonstrationen gegen die Politik der USA tauchten »nationalistischen Parolen« (CDU-Ministerpräsident Vogel) auf. Das sind neue Fronten!

Es war immer klar: Wenn die Verfälschung der Geschichte beendet wird, dann zerbrechen die Grundlagen der europäischen Nachkriegsordnung. Wenn die Alliierten an Ausbruch und Verlauf der beiden Weltkriege – und damit indirekt auch an der Judenverfolgung – größere Schuld haben, als bisher angenommen, dann verändert sich die politische Statik in Europa. Paradoxerweise haben die USA mit ihrem erneuten Golfkrieg diesen Prozeß selbst ausgelöst und in Europa Energien für eine Beendigung der Nachkriegsordnung freigesetzt. Motor sind die unterschiedlichsten Gegenkräfte zur amerikanischen Globalisierung wie die weltweite Renaissance der Nationalstaaten, der Fundamentalismus und der arabischer Nationalismus, der die Amerikaner im Irak gleichzeitig zu Befreiern und Besatzern erklärt. Und die USA werden noch erfahren, daß nicht jeder Sieg ein Gewinn ist.

Erst im Rahmen einer neuen selbstbewußten Politik der Deutschen und Europäer gegenüber der letzten Supermacht wird die industrielle Kolonisierung und der Ausverkauf deutscher Unternehmen zu stoppen sein. Wir müssen aufklären, dann werden die anderen früher oder später folgen. Jahrelange unermüdliche Aufklärungsarbeit war nicht umsonst. Die Dinge bewegen sich in unserem Sinne. Jetzt lohnt sich die Arbeit mehr denn je.

Nähere Angaben zum ausländischen Einfluß auf die deutschen Unternehmen finden sich in: Alfred Mechtersheimer, *Handbuch Deutsche Wirtschaft. Firmen - Marken - Hintergründe.*
Ca. 800 Seiten € 24.80 (Erscheint Spätsommer 2003)

Bleibt Deutschland eine Canossa-Republik?

Reinhard Uhle-Wettler

Einführung

Der ehemalige Staatspräsident von Estland, Lennart Meri, sagte in seiner Berliner Festrede zum fünften Jahrestag der deutschen Einheit am 3. Oktober 1995 unter anderem folgendes:

»Vor allem von den Deutschen erwarten wir, daß sie sich verantwortungsbewußt den sicherheitspolitischen Herausforderungen unserer Zeit stellen. Es ist höchste Zeit für den Wechsel einer Grundeinstellung: Die Angst vor der Macht muß durch den Mut zur Macht ersetzt werden! Es ist unübersehbar, daß Vertrauen zu einer Nation nur dann entsteht, wenn sie auf eine verantwortungsvolle Art und Weise, ohne Vorurteile, begleitet von der friedenstiftenden Kraft des Rechts, im Interesse des Gemeinwesens und der Freiheit imstande ist, entschieden über ihre Machtmittel zu verfügen. ›Deutschland ist eine Art von Canossa-Republik‹.

Als Este sage ich dies, und ich frage mich, warum zeigen die Deutschen so wenig Respekt vor sich selbst? Deutschland ist eine Art Canossa-Republik geworden, eine Republik der Reue. Aber wenn man die Moral zur Schau trägt, riskiert man, nicht ernst genommen zu werden. Als Nicht-Deutscher erlaube ich mir die Bemerkung: Man kann einem Volk nicht trauen, das rund um die Uhr eine intellektuelle Selbstverachtung praktiziert. Diese Haltung wirkt auf mich wie ein Ritual, wie eine Pflichtübung, die überflüssig und sogar respektlos ist gegenüber unserem gemeinsamen Europa.

Um glaubwürdig zu sein, muß man auch bereit sein, alle Verbrechen zu verurteilen, überall in der Welt, auch dann, wenn die Opfer Deutsche waren oder sind. Für mich als Este ist es kaum nachzuvollziehen, warum die Deutschen ihre eigene Geschichte so tabuisieren, daß es enorm schwierig ist, über das Unrecht gegen die Deutschen zu publizieren oder zu diskutieren, ohne dabei schief angesehen zu werden – aber nicht etwa von den Esten oder

Finnen, sondern von den Deutschen selbst! Bevor wir überhaupt an eine ›neue Weltordnung‹ zu denken beginnen, brauchen wir vor allem historische Aufrichtigkeit und Objektivität.«

Letztere haben in Deutschland leider keine Hochkonjunktur. Die Begründung dafür können wir einem Artikel von Jens Jessen in der *Zeit* vom 21. 3. 2002 entnehmen. Dort heißt es unter anderem: »Wer heute eine wirklich kontroverse Position formuliert, wird sogleich Skandalgeschrei vernehmen, wenn nicht gefährlichen Tabubruchs verdächtigt werden. Die liberale Öffentlichkeit neigt dazu, andere als liberale Meinungen gar nicht mehr zuzulassen. Eine Liste von Gedanken ließe sich aufstellen, deren Äußerung fast verboten ist.« Und weiter: »Der Liberalismus hat gesiegt, aber dieser Sieg besteht darin, daß er seine Toleranz verloren hat. Es ist ein verfolgender Liberalismus entstanden, der alles Denken unter Radikalismusverdacht stellt, das nach Alternativen zu den bestehenden Verhältnissen sucht. . . Der siegreiche Liberalismus hat die Mentalität eines Staatsschutzes angenommen, der überall Verfassungsfeinde sieht.« Gegen Ende dieses Artikels spricht Jessen von einem »hysterischen Antifaschismus« und spricht aus, was schon so manchem eifrigen Staatsbürger widerfahren ist: »Als Faschist gilt heutzutage jemand schneller, als er blinzeln kann.« Da nutzt es auch nichts, sich auf den ehemaligen Bundespräsidenten Roman Herzog zu berufen. Dieser hatte ja in seiner Rede beim Düsseldorfer Festakt zum Abschluß der Feierlichkeiten anläßlich von Heinrich Heines 200. Geburtstag 1998 folgende Feststellung getroffen: »Ohne kritischen Einspruch, ohne Engagement unbequemer Denker verkümmert eine Gesellschaft. Wir brauchen Streit und Widerspruch, wir brauchen die Zumutung und Fragen unbequemer Köpfe.«

Klaus J. Groth und Joachim Schäfer haben gerade in ihrem jüngsten Buch mit dem Titel *Stigmatisiert. Der Terror der Gutmenschen* eine beweiskräftige Studie mit zahlreichen Fallbeispielen vorgelegt, aus denen die Intoleranz des oben angesprochenen Liberalismus hervorgeht. Hervorgehoben sei hier der Fall Steffen Heitmann, dessen Kandidatur für das Bundespräsidentenamt 1993 gekippt worden ist. Seine Verwunderung darüber, wie selbstverständlich die etablierten Kreise in Deutschland den miesen Diffamierungsfeldzug mit politischer Vernichtungsabsicht hingenommen haben, sein Schock, daß es »auch im Westen eine wirkliche Meinungsfreiheit nicht gibt«, zu sehen, wie »unendlich ideologisiert das Meinungsklima in Westdeutschland« sei, sind nur zu verständlich. Es mehren sich inzwischen die Stimmen kritischer Zeitgenossen, die in diesen Zusammenhängen von »demokratischem Despotismus«, von »totalitärem Liberalismus«, ja sogar von Liberalextremismus sprechen oder doch wenigstens vor »totalitären Tendenzen« der Moderne (Prof. Dr. Reinhart Maurer) warnen.

Selbst ein so unverdächtiger Industriemanager wie Edzard Reuter, vormals Vorstandsvorsitzender der damaligen Daimler-Benz AG und Sohn des berühmten Berliner Oberbürgermeisters Ernst Reuter, warnt in der *Welt* vom 6. 4. 2002 davor, »daß nämlich die grundlegende Akzeptanz des durch die Parteien geprägten demokratischen Systems verlorengehen könnte, wenn ›die Diktatur der Mitte‹ eines Tages den Verlust von ernsthaften politischen Alternativen nach sich ziehen sollte«. Und Olaf Henkel, ehemaliger Präsident des Bundesverbandes der deutschen Industrie, nun Präsident der Wissenschaftsgemeinschaft Gottfried Wilhelm Leibniz, Professor für Betriebswirtschaftslehre an der Universität Mannheim, schreibt in seinem neuesten Buch *Die Ethik des Erfolgs* auf Seite 246: »Ich kann das Meinungsklima bei uns nur als höchst intolerant bezeichnen. Abweichende Meinungen führen nicht zu Widerspruch, sondern lösen Haß und Vernichtungslust aus. Die berühmte Diskussionskultur funktioniert nur so lange, als alle einer Meinung sind. In mancher Hinsicht erinnert mich dieses Phänomen an eine ›Gleichschaltung‹, wobei ich mir der historischen Assoziation bewußt bin.«

Wer dieser schlimmen Entwicklung entgegentreten will, indem er sich auf das grundgesetzlich verbriefte Recht auf Meinungsfreiheit beruft, muß berücksichtigen, daß Verfassungsnorm und Verfassungswirklichkeit diesbezüglich weit auseinanderklaffen. Der Gesinnungs- und Verhaltensdiktatur durch die sogenannte ›Political Correctness‹ kann man sich nicht allein mit bloßem Bekennermut und Zivilcourage erwehren. Es bedarf bei öffentlichen Äußerungen viel diplomatischen Geschickes und wohlbedachter Vorsicht sowie zuverlässiger Verbündeter, um nicht ohne Federlesen und ohne vorheriges Gehör von den politisch Korrekten niedergemacht zu werden. Kommt es zur gerichtlichen Auseinandersetzung, werden ein langer Atem, gute Nerven und viel Geld benötigt, um sich einen versierten Anwalt leisten und wenigstens in die 2. Instanz gehen zu können. Die Erfahrung lehrt, daß auch Richter nur Menschen sind und oft dem Zeitgeist Tribut zollen.

Politik gegen deutsche Interessen

Verantwortlich für den so beschriebenen Zustand in Deutschland ist die politische Klasse, der wir alle diejenigen zurechnen, die öffentliche Verantwortung tragen. Es hieße, Eulen nach Athen zu tragen, würde an dieser Stelle und angesichts der gestellten Thematik das Versagen der politisch Verantwortlichen näher analysiert werden. Eine nicht mehr wirklich zu überschauende fachlich und sachlich hochqualifizierte Literatur hat sich bekanntlich dieser Aufgabe unterzogen. Leider ist sie bisher ziemlich wirkungslos geblieben, da sich die politische Klasse weitgehend gegen Kritik aus dem Volk abgeschottet hat und immun zeigt. Nur so ist zu erklären, daß der Berliner Professor für Zeitgeschichte und herausragende Publizist zeitkritischer Bücher Arnulf Baring in einem großes Aufsehen erregenden Artikel einer sehr angesehenen Tageszeitung die Bürger der Republik aufgefordert hat, auf die Barrikaden zu gehen! Das entspricht der Äußerung eines recht bekannten Bundestagsabgeordneten der Union gegenüber dem Autor vor Jahresfrist, daß sich im Deutschen Bundestag nur auf größten Druck von Außen irgend etwas bewege.

Nicht einmal dann, wenn es um existentielle Fragen der Deutschen geht und es gilt, deutsche Interessen nachhaltig zu vertreten, wird deutsche Politik ihrem verfassungsmäßigen Auftrag gerecht, »die Kraft dem Wohle des deutschen Volkes (zu) widmen, seinen Nutzen (zu) mehren (und) Schaden von ihm (zu) wenden«. Einige Beispiele sollen dies erläutern:

- Die deutschen Ostgebiete sind im Rahmen einer sogenannten ›Entspannungspolitik‹ wie eine lästige Altlast abgeschrieben und nicht etwa demokratischen Mächten, sondern kommunistischen Regimen vertraglich, und ohne das Volk auch nur zu befragen, zuerkannt worden. Dabei wurden nicht einmal ausreichende Vereinbarungen über die Wahrung des kulturellen deutschen

Erbes getroffen. Darüber hinaus hat man es auch nicht fertig gebracht, für dieses etwa ein Drittel des zwischen 1919 und 1945 völkerrechtswidrig mit Mord und Totschlag geraubten deutschen Reichsgebietes ein gesamtdeutsches Denkmal von Rang und entsprechender Würde zu schaffen, welches die Erinnerung an die deutschen Ostgebiete in der deutschen Öffentlichkeit wachhält.

- Das Verfassungsgebot der Wiedervereinigung ist bis zur sogenannten ›Wende‹ mißachtet worden. Es gab ausweislich von Bekundungen hochrangiger Politiker weder eine operative Politik noch interne Planungen und Vorbereitungen für diesen Fall.

- Das Bekenntnis zur Verpflichtung deutscher Politik auf das deutsche Volk ist entgegen den grundgesetzlichen Vorgaben vom deutschen Bundestag mehrheitlich zugunsten der sogenannten Gesellschaft oder der ›Bevölkerung‹ aufgegeben worden. Dies beweist ein sogenanntes Kunstwerk im Innenhof des Reichstages, dessen Aufschrift ›Der Bevölkerung‹ erklärtermaßen im Gegensatz zu der Widmung über dem Eingangsportal »Dem Deutschen Volke« gewählt und vom zuständigen Bundestagsausschuß gebilligt worden ist.

- Die öffentliche und vielfach auch finanzielle Unterstützung der Ausstellung »Die Verbrechen der Wehrmacht«, im Volksmund »Antiwehrmachtausstellung« genannt, hat die rücksichtslose Verleumdung der Gefallenen und der noch lebenden Angehörigen der deutschen Wehrmacht gefördert und die staatliche Obhutspflicht gegenüber diesem Personenkreis schwerstens verletzt.

- Würde und Schutz des deutschen Soldaten werden außerordentlich vernachlässigt, indem diese über den seinerzeit von Deutschland aus nationalem Interesse unterzeichneten ursprünglichen NATO-Vertrag hinaus uneingeschränkt im Ausland eingesetzt werden, ohne daß die diskriminierenden »Feindstaatenklauseln« der Charta der Vereinten Nationen getilgt worden sind.

- Das grundgesetzlich verbriefte Grundrecht auf Eigentum ist im Falle der in der ehemaligen sowjetisch besetzten Zone enteigneten Besitzer mißachtet worden. Diese haben ihr Eigentum nach der Wiedervereinigung unter einem falschen politischen Vor-

wand nicht, wie es nach Recht und Gesetz geboten war, zurück-
erhalten. Der öffentlich erhobene Vorwurf des Verfassungsbru-
ches und der Täuschung des Bundesverfassungsgerichtes durch
die damalige Bundesregierung ist bisher nicht widerlegt worden, aber zugleich ohne Folgen geblieben.

Hieraus ist zu folgern, daß der Druck aus dem Volk auf die politische Klasse wesentlich verstärkt und die öffentliche Diskussion
über Alternativen erkämpft werden muß.

Die Überwindung der Canossa-Republik

Wir sollten unsere Kräfte nicht weiter durch das Angehen einzelner Symptome vergeuden. Vielmehr sollten wir versuchen, den
Systemfehler zu erkennen und zu beheben, der die Ursache für
den Niedergang von Staat und Nation ist. Woran liegt es, daß von
dem einst so stolzen und selbstbewußten Deutschen Reich nur noch
eine Canossa-Republik übriggeblieben ist? Schon lange wird in
allen möglichen politischen und historischen Studien festgestellt,
der Grundkonsens der Gesellschaft sei verlorengegangen. Wesentlich ist dabei die Frage des Selbstverständnisses, also des Men-
schenbildes, das die Deutschen von sich und ihren Mitmenschen
haben. Wir fassen dies unter dem Begriff der ›personalen Identität‹ zusammen. In gleicher Weise wesentlich für den Grundkonsens ist die ›Staatsidee‹, also die Vorstellung von der Organisation und den Zielen der Nation, der alle Politik zu folgen hat.
Die personale Identität wird nun keineswegs allein durch die
Staatsbürgerschaft mit den durch diese übertragenen oder erwor-
benen formalen Rechten und Pflichten des Staatsbürgers begründet. Vielmehr erwächst Identität ganz wesentlich aus den persönlichen Wurzeln, also der verwandtschaftlichen Herkunft, der Sprache, dem kulturellen Erbe sowie aus der geschichtlichen Erinnerung und ihrer Tradition. Sehr aufschlußreich ist in diesem Zusammenhang Jan Assmanns Schrift *Das kulturelle Gedächtnis, Schrift.*
Erinnerung und politische Identität in frühen Hochkulturen. Zitat: »Die
vorliegenden Studien handeln vom Zusammenhang der drei Themen ›Erinnerung‹ (oder: Vergangenheitsbezug), ›Identität‹ (oder:
politische Imagination) und ›kulturelle Kontinuierung‹ (oder: Tra-

ditionsbildung). Jede Kultur bildet etwas aus, was man ihre konnektive Struktur nennen könnte. Sie wirkt verknüpfend und verbindend, und zwar in zwei Dimensionen: der Sozialdimension und der Zeitdimension. Sie bindet den Menschen an den Mitmenschen dadurch, daß sie als ›symbolische Sinnwelt‹ (Berger/Luckmann) einen gemeinsamen Erfahrungs-, Erwartungs- und Handlungsraum bildet, der durch seine bindende und verbindliche Kraft Vertrauen und Orientierung stiftet.«

Auf die Deutschen bezogen, ist das kulturelle Gedächtnis mit seinen drei Komponenten durch die Umerziehung der alliierten Siegermächte nach 1945 gezielt zerstört worden. Es ist unsere Aufgabe, dasselbe wiederherzustellen. Konkret: Wir müssen uns unserer Wurzeln aus Germanentum, Antike und Christentum wieder bewußt werden, sie pflegen und die reichen Quellen der bildenden Künste einschließlich der Baukunst, der Musik, Philosophie, Dichtung, des Humanismus, der Historie sowie von Sitte und Brauchtum ausschöpfen und erlebbar machen. Dabei ist der vor Jahresfrist so leidenschaftlich diskutierte Begriff der ›Leitkultur‹ wenig hilfreich, da er bereits das Signum einer Einschränkung trägt. Solange wir Herren im eigenen Hause bleiben wollen, haben wir das Recht und die Pflicht, grundsätzlich deutsche Lebensart einzufordern.

Zur Wiedergewinnung unseres zerstörten kulturellen Gedächtnisses gehört natürlich besonders die Revision des uns von den Siegermächten und diesen hörigen Emigranten auferlegten Geschichtsbildes. Gerade in diesen Tagen hören wir von nahezu allen Persönlichkeiten des öffentlichen Lebens, die sich zur politischen Lage äußern, wir müßten den Amerikanern für die Befreiung von der Nazidiktatur dankbar sein. Dies ist sozusagen die politisch korrekte Vorbemerkung vor jeder noch so leisen Kritik an der aggressiven Supermacht USA. Das ist nichts anderes als echte Canossa-Haltung. Dabei wird unterschlagen, daß die Amerikaner schon 1917, als es noch keine ›Nazis‹ gab, mit der Niederwerfung und Zerstörung des Deutschen Reiches begannen und dies 1945 vollendeten. Darüber hinaus wurde die Erinnerung an Preußen, jene einzigartige Blüte des Deutschtums, durch Besatzungsdekret ausgelöscht. Ein Beweis dafür, daß es nicht um Befreiung, sondern um Vernichtung ging! »Germany made in

USA« hieß denn auch eine Dokumentation des Senders Phoenix, in der die geheimdienstlichen Machenschaften des Umerziehungsprogramms für die überlebenden Deutschen ausführlich dargestellt sind.

Ergänzend hierzu sei erwähnt, daß die in zahlreichen Fernsehdokumentationen immer wieder vorgeführten öffentlichen Bücherverbrennungen der Nationalsozialisten in Umfang und Wirkung von der Aussonderung deutschen Schriftgutes aus Handel und Bibliotheken mit rund 34645 Titeln (!) durch die alliierten Siegermächte weit übertroffen worden ist. Es ist somit keineswegs abwegig zu behaupten, daß die heute in politischer Verantwortung stehende Generation mit einem fremden kulturellen Gedächtnis ausgestattet ist: überwiegend ›made in USA‹!

Wer nun von der Wirkmächtigkeit unseres so überaus reichen kulturellen Erbes überzeugt ist, wird die Erwartung wachhalten, daß es sich eines Tages trotz vieler Widerstände doch wieder durchsetzt. Entscheidend werden dabei die Förderung der Geschichtsrevision und ein neues Verhältnis zum Judentum sein. Am Beispiel der USA kann das Erfordernis einer revidierten Geschichtsauffassung und -deutung erklärt werden. Was wir gerade erleben, ist ein vollständiger Paradigmenwechsel. Die USA als vorgebliche Vertreter des Guten, also von ›*freedom and democracy*‹, zeigen unter der Maske des Kampfes gegen das Böse, also gegen den Terrorismus und gegen sogenannte ›Schurkenstaaten‹, ihr wahres Gesicht. Es ist ein sehr altes Gesicht aus römischen Zeiten, nämlich das Gesicht des Imperialismus und der Hegemonie. Da ist die Rede vom dritten Weltkrieg und vom Kreuzzug, und ohne weiteres wird weltweit verkündet: »Wer nicht für uns ist, ist gegen uns!« (Präsident Bush jr.)

All' die wirklichkeitsfremden Träume der ›befreiten‹ Deutschen von einer auf den Menschenrechten begründeten neuen Weltordnung, von einer Weltgemeinschaft und der friedlichen Beilegung jeglichen Streites durch Verhandlungen und eine internationale Rechtsordnung sowie von weltweiter Verbrüderung durch gegenseitige humanitäre Hilfe haben sich über Nacht in Schall und Rauch aufgelöst. Das neue Rom, die einzige Weltmacht, verfolgt weltweit rücksichtslos seine nationalen Interessen und erweitert dabei seine wirtschaftliche und finanzielle Vorherrschaft mit allen Mitteln, also auch mit nackter Gewalt durch Einsatz seiner überlegenen militärischen Macht.

Wer das gegenwärtige Geschehen in den historischen Zusammenhang einordnet, muß erkennen, daß die US-amerikanische Hegemonie über Europa spätestens mit dem Eingreifen in den Ersten Weltkrieg 1917 begann, sich mit der Entfachung des Zweiten Weltkriegs fortgesetzt und folgerichtig zur Vernichtung des Deutschen Reiches sowie des britischen Empires geführt hat. Die Asienpolitik an der pazifischen Gegenküste der USA zeigte im Prinzip die gleiche Strategie wie die gerade erwähnte an der atlantischen Gegenküste. Balkan- und Golfkrieg sowie der Krieg in Afghanistan dienten ebenso planvoll der Ausdehnung der amerikanischen Supermacht. Der Nahe Osten und Mittelasien stehen auf dem imperialen Programm. Höchsten Rang nimmt dabei die Sicherung des Energiebedarfs ein.

Der wachsende weltweite Widerstand, auch in den USA selbst, scheint nun allerdings das Paradox anzudeuten, daß sich die Supermacht mit dem Erreichen des Gipfels ihrer Macht schon mit einem Fuß im Abstieg befindet. Es fehlt eine überzeugende globale Vision, die mit der globalen Strategie in Einklang steht. Eine herausragende Analyse dieses Vorganges finden wir in dem Buch des Amerikaners Chalmers Johnson: *Blowback, The costs and consequences of American Empire.* Der Titel der deutschen Ausgabe lautet: *Ein Imperium verfällt. Wann endet das amerikanische Jahrhundert?* Die in diesem Buch schon im Jahre 2000 aufgestellte These vom Rückstoß, Gegenwind, Gegendruck gegen die imperiale Politik der USA beginnt sich bereits heute zu bewahrheiten. Der 11. September 2001 wird vor allem den Beginn einer umfassenden Geschichtsrevision zur Folge haben, deren Kern die Erkenntnis ist, »daß fast alle Faktoren, die in der Vergangenheit für die Geschichte zwischen Staaten und Völkern eine Rolle gespielt haben, noch immer gelten und weiterwirken werden, ob das gefällt oder nicht, ob es bequem ist oder den Wünschen widerspricht. An erster Stelle steht die Macht«. (Egon Bahr)

Zum deutsch-jüdischen Verhältnis

Das Verhältnis zur Judenheit ist mitentscheidend für die Überwindung der Canossa-Republik. Da hochrangige politische Vertreter der Juden, insbesondere Israels, wiederholt öffentlich und offiziell erklärt haben, sie könnten die Verbrechen der Deutschen an ihrem Volk weder vergessen noch vergeben, sind wir Deutschen auf uns selbst angewiesen. Dies ist bei dem Mangel an politischer Begabung höchst bedeutsam. Der Holocaust-Mythos (nach Michael Wolffsohn, Standbein jüdischer Identität) und der Vorwurf des Antisemitismus in Verbindung mit einer ausufernden »Holocaust-Industrie« (N. G. Finkelstein) verhindern geradezu politisches Denken und Handeln zugunsten eines wohlfeilen, unterwürfigen Moralismus. Was Deutschland und den Deutschen angetan worden ist, steht ebenso außerhalb jeder Diskussion wie die Tatsache der planvollen Vernichtung des Deutschen Reiches mit dem einzigartigen Verbrechen der »ethnischen Säuberung« der deutschen Ostgebiete, die etwa ein Drittel des Deutschen Reiches ausgemacht haben. Weder die Verweigerung eines friedenstiftenden Friedensvertrages noch der rechtliche Fortbestand des Deutschen Reiches (Hannes Kaschkat) sind Bestandteil der öffentlichen Diskussion oder gar einer publikumswirksamen Geschichtsdarstellung.

Die zahlreichen Kriegserklärungen jüdischer Organisationen nach der Machtübernahme der Nationalsozialisten 1933 werden, der ›Political Correctness‹ entsprechend, nicht einmal erwähnt, geschweige denn, daß nun nach unendlichen Versuchen der Wiedergutmachung und Versöhnung entsprechende Friedenserklärungen angemahnt werden. Inzwischen hat sich der alte Antigermanismus zur Umkehrung des Antisemitismus entwickelt, mit dem Unterschied, daß sich die Juden erfolgreich wehren, während die Deutschen die Denunziation verinnerlicht und zum Selbstläufer erhoben haben. Die so grausam verfolgte Judenheit ist – eine List der Geschichte – gestärkt aus dem Holocaust hervorgegangen, während Deutschland als Canossa-Republik machtlos am Boden liegt. Sein hilfloses Flügelschlagen deutet nicht etwa Training für Höhenflüge, sondern lediglich Betteln um Futter mildtätiger Nachbarn an.

Hans-Olaf Henkel berichtet in seinem Buch *Die Ethik des Erfolgs* von einem Gespräch mit John Kornblum, dem ehemaligen US-Botschafter in Deutschland. »Da wir nach wie vor die Hypotheken des letzten Jahrhunderts mitschleppten, würden wir niemals ein vernünftiges Selbstvertrauen entwickeln. Und die Komplexe, die sich daraus ergaben, ließen uns immer neue Sonderwege einschlagen – politische, volkswirtschaftliche, ökologische, mit Vorliebe auch moralische. Deutschland glich einem Kranken, der, befangen vom Trauma der Vergangenheit, seine Gegenwart nicht meistern kann. In diesem Augenblick beschlich mich das Gefühl, Deutschland müsse dringend auf die Couch.

Den Deutschen, so Kornblum, falle es beispielsweise immer noch schwer, sich auf internationalem Parkett zu ihren Interessen zu bekennen. Damit aber nicht genug, erwarten sie dieselbe Verkrampftheit auch von anderen. In seiner Zeit als Botschafter in Berlin wurde ihm von einigen Deutschen auch vorgeworfen, nur ›amerikanische Interessen zu vertreten‹. Das galt als Makel. In seiner Diplomatenlaufbahn, so erklärte er, hatte er kein einziges Land kennengelernt, in dem man dergleichen auch nur gedacht hätte. Im Gegenteil, gilt es weltweit als selbstverständlich, daß ein Diplomat die Anliegen seines Landes vertritt. Seine deutschen Gesprächspartner, die dies anders sahen, gingen sogar noch weiter. Indirekt erwarteten sie von ihm, daß er sich doch, bitteschön, in Washington für deutsche Interessen einsetzen solle.«

Wir sollten aber bedenken, daß die Canossa-Deutschen vornehmlich unter den Angehörigen der politischen Klasse zu finden sind. Das nährt den Verdacht, daß die Anpassung an die politische Korrektheit, die ja wesentlich von dem Reuesyndrom der Canossa-Republik lebt, von Ehrgeiz, Karrierestreben und Untertanenmentalität sowie der Furcht vor Ausgrenzung angetrieben wird. Die öffentlich zur Schau getragene Moral ist also überwiegend opportunistische Heuchelei.

Eine unerwartete Hilfe hat uns kürzlich der Autor Johannes Rogalla von Bieberstein mit seinem Buch *Jüdischer Bolschewismus. Mythos und Realität* geboten. Wie schon in dem sehr beachtlichen Buch der Kreuzberger Jüdin Sonja Margolina *Das Ende der Lügen* beschreibt von Bieberstein, immerhin Rechtsritter des Johanniterordens, die »schuldhafte Verstrickung« der Juden in die ungeheuren Verbrechen des Bolschewismus, wobei sie in tragischer Weise oft Täter und Opfer zugleich wurden. Auf Seite 6 des Buches finden wir die folgende umfassende Interpretation des großen israelischen Denkers Jacob Leib Talmon: »Den auf Erlösung hoffenden europäischen Juden hätten nach dem ersten Weltkrieg zwei ›messianische Feuer‹ geleuchtet, und zwar die ›zionistische Erlösung‹ in einem eigenen Judenstaat und die ›kommunistische Weltrevolution‹, die nicht bloß ihre eigene Diskriminierung, sondern alle Diskriminierungen aufheben würde«.

Die Vergleichbarkeit der Haltung vieler Juden zum Bolschewismus mit der Haltung vieler Deutscher zum Nationalsozialismus ist auffallend und liegt auf der Hand. In der Tat erhofften sich viele Deutsche von Adolf Hitler die Erlösung von der Stigmatisierung und Verknechtung durch das Versailler Diktat, das das deutsche Volk für viele Generationen zu materieller Not und psychischem Elend verdammte. Was aber die Verbrechen des Bolschewismus angeht, so übertreffen diese ja bekanntermaßen die des Nationalsozialismus um ein Vielfaches. Wann also beginnen die Juden ihre eigene Schulddiskussion und Aufarbeitung der Vergangenheit?

Aus alledem folgt, daß sich die Deutschen endlich bewußt und planvoll vom auferlegten Schuldkomplex lösen müssen. Sie sollten einräumen, daß sie weder im Guten noch im Bösen ein auserwähltes Volk, sondern ein ganz normales Glied der menschlichen Gemeinschaft sind.

Die Aufgabe der Religion

Die Wiedergewinnung der Identität kann nicht vor der Religion stehen bleiben. August Winnig schreibt in seinem tiefgründigen Buch *Europa. Gedanken eines Deutschen* 1937: »Um das Kreuz sammelten sich die Völker des Abendlandes. Im Zeichen des Kreuzes entstand Europa. Es war das Kreuz, das die Einheit Europas begründete. Herren des Abendlandes wurden die Germanen aus eigener Kraft, aber die Einheit, zu der das Abendland sich zusammenschloß, war das Werk des Glaubens.«

Und wer den Ursprüngen und der Gründung des Deutschen Reiches durch die Sachsenkönige und -kaiser in Quedlinburg und Umgebung etwa im Zuge der heutigen ›Straße der Romanik‹ nachgeht, stößt auf Schritt und Tritt auf das Christentum als die treibende geistig-geistliche Macht. Eduard Josef Huber hat sich in seiner lesenswerten Studie *Was heißt deutsche Leitkultur?* (Eckartschrift 163) unter anderem mit der hier interessierenden Frage »Deutschtum und Christentum« beschäftigt. Dort heißt es: »In Kreisen der nationalen Rechten in Deutschland gibt es Leute, die der festen Überzeugung sind, der Nationalcharakter der Deutschen sei durch das Christentum verdorben oder zumindest sich selbst entfremdet worden. Sie plädieren (folgerichtig) dafür, sich vom Christentum ab- und der alten germanischen Religion wieder zuzuwenden. Daß diese Religion seit über tausend Jahren tot ist und sich in Wahrheit ebensowenig wiederbeleben läßt wie die antike griechische oder ägyptische, scheint ihnen nicht recht klar zu sein. Zudem übersehen sie geflissentlich, daß der ohnehin anachronistische Versuch, das Germanentum wieder aufleben zu lassen, zuletzt und am rigorosesten von einem gewissen Heinrich Himmler unternommen worden ist. Schon dadurch dürfte so eine Germanentümelei auf lange Sicht verrufen sein.«

Die Untersuchung endet mit dem Satz: »Man muß wohl daraus folgern, daß eine deutsche Leitkultur grundsätzlich nur eine christliche sein kann.« Dagegen mag manches einzuwenden sein. Wer aber etwas gegen diese ›jüdische‹ Religion einwendet, sollte das Neue Testament zur Hand nehmen und nicht mit historischem Versagen von Christen argumentieren. Außerdem sollte bedacht werden, daß diese Religion nicht vom Himmel gefallen ist. Ihre Wurzeln gründen sowohl in Ägypten als auch in Persien, in Babylon wie in der uralten Kultur der Sumerer, wie uns die Erkenntnisse der Religionsgeschichte lehren. Religiöser Kult macht von Anfang an das Wesen menschlicher Kultur aus und wird von Generation zu Generation weitergegeben. Der Bruch der Tradition aber gehört nach Konrad Lorenz zu den acht Todsünden der zivilisierten Menschheit. Die Richtigkeit dieser Erkenntnis gehört zum jüngsten Erfahrungsschatz besonders der Deutschen. Alle säkularen Utopien und atheistischen Systeme wie Kommunismus, Nationalsozialismus, Faschismus, Sozialismus sind kläglich gescheitert, und das Versagen des Kapitalismus wie des Globalismus zeichnet sich deutlich ab.

Wir Deutschen im Herzen Europas müssen die durch unsere Mittellage bedingten Spannungen geistiger und geistlicher Art ebenso bereitwillig auf uns nehmen und austragen, wie wir ja auch fruchtbare Impulse erhalten und vorteilhaftem Austausch unterliegen. Dabei haben wir als wesentliches Merkmal unserer Verfassung die Glaubens- und Religionsfreiheit. Dennoch sollten wir der Feststellung des früheren Bundespräsidenten Karl Carstens beipflichten: »Die Wiedergewinnung der religiösen Dimension ist von entscheidender Bedeutung für unsere Zukunft, ja für die Zukunft und das Überleben der Menschheit. Ich habe nichts Wichtigeres zu sagen, als dies.« (*Ostpreußenblatt* vom 23. Juni 2001, Folge 25, Seite 24) Es stünde also uns Deutschen wohl an, uns bei unserem Streben nach Identität ernsthaft und mit besonderem Einsatz um den Glauben zu bemühen. Das christliche Menschenbild vom Ebenbilde Gottes kann dabei die Verantwortung für das Leben auf der Erde entscheidend stärken. Durch diese Verantwortung erhält die unantastbare Menschenwürde ihren tiefen Sinn.

Staat und Staatsidee

Die Staatsidee ist, wie eingangs festgestellt, neben der personalen Identität konstitutiv für den notwendigen Grundkonsens in Deutschland. Als Losung sei dafür »Nation und Europa!« ausgegeben. Damit ist gesagt, daß die von der überwiegenden Mehrheit der Deutschen angestrebte schrittweise Einigung Europas zugleich den Erhalt der nationalen Identitäten beinhaltet. Hierüber herrscht bei unseren Nachbarn weitgehend Einvernehmen. Generalmajor a. D. Schultze-Rhonhof hat dies im *Deutschland-Journal* 1999 unter dem Titel »Europa – Bundesstaat oder Staatenbund?« ausführlich dargestellt. Als weitere Quelle sei hier das Kapitel »Ein deutscher Sonderweg?« aus meinem beim Hohenrain-Verlag erschienenen Buch *Die Überwindung der Canossa-Republik* genannt.

Lediglich deutsche Politiker träumen noch immer wirklichkeitsfremd von den Vereinigten Staaten von Europa und dem Aufgehen Deutschlands in diesem utopischen Gebilde. Das hat zu einer gefährlichen Vernachlässigung der Staatlichkeit geführt, aus der sich bestimmte Auflösungserscheinungen ergeben. Innenpolitisch ufern der Individualismus und die Parteienherrschaft aus, außenpolitisch nimmt der Einfluß Deutschlands ständig ab. Nun sind – wie der große Solschenizyn zu Recht sagt – Parteien für das Staatsschicksal nicht zuständig, da sie Parteipolitik betreiben. So wird denn auch im deutschen Parteienstaat ständig über Parteipolitik gesprochen. Der Staat wird im allgemeinen nur negativ erwähnt, wenn es zum Beispiel darum geht, »daß der Staat dem Bürger schon wieder in die Tasche greift«. Privatisierung, also die Entmachtung des Staates, wird allerorten als das große Allheilmittel bei jedweden wirtschaftlichen Problemen gepriesen; die Beamten sind angeblich an der Reformunfähigkeit des Staates und der Staatsverschuldung wesentlich mitschuldig, der Staatsdienst gilt als Ruhekissen für Faule und Minderbegabte; Bundesgrenzschutz, Polizei, Bundeswehr und andere Dienste erhalten immer umfangreichere Aufgaben, ohne daß ausreichende Mittel zur Verfügung gestellt und eine der gewachsenen Verantwortung entsprechende Besoldung sichergestellt werden.

Besonders bei der Bundeswehr hat sich die Schere zwischen Auftrag und Mitteln unverantwortlich weit geöffnet, wie selbst die Berichte der Wehrbeauftragten eindeutig beweisen. Obwohl der Artikel 137 GG ausdrücklich zuläßt, die Wählbarkeit, also das passive Wahlrecht von Beamten, Angestellten des öffentlichen Dienstes, Berufssoldaten, freiwilligen Soldaten auf Zeit und Richtern im Bund, in den Ländern und den Gemeinden gesetzlich zu beschränken und also damit parteipolitische Tätigkeit mit den damit verbundenen Loyalitätskonflikten einzuschränken, ist kein ernsthafter Versuch unternommen worden, davon Gebrauch zu machen. Das würde dem Ansehen der Staatsdiener zwar nützen und die erforderliche Unparteilichkeit fördern, den Einfluß der Parteien aber spürbar begrenzen. Im Grunde ist für die Wahrung des Gemeinwohls niemand so recht zuständig, was einen prinzipiellen Mangel des Grundgesetzes offenbart.

Dies wirkt sich um so mehr aus, als es eine wirklich einflußreiche, staatstragende Schicht wie das untergegangene Bürgertum des Zweiten Deutschen Reiches nicht gibt. An seine Stelle sollte der Staatsbürger, also Herr Jedermann, treten. Dieses hochgesteckte Ideal ist bisher aufgrund mangelhafter Erziehung und Anleitung unserer Jugend sowie mangels Vorbildern nicht einmal ansatzweise erreicht worden. So gilt die Warnung: Wenn es der politischen Klasse nicht gelingt, die Staatlichkeit zu neuem Leben zu erwecken und das Ideal vom Staatsbürger zum Leitbild zu erheben, wird die mit so viel Idealismus aufgebaute zweite deutsche Demokratie in Individualismus und Materialismus mit allen daraus folgenden Konsequenzen versacken. Was das am Ende bedeutet, haben Meinhard Miegel und Stefanie Wahl in dem Buch *Das Ende des Individualismus. Die Kultur des Westens zerstört sich selbst* eindrucksvoll beschrieben.

Hervorzuheben ist, daß die gesetzlichen Vorgaben eindeutig sind. Das Bundesverfassungsgericht hat in seinen Leitsätzen zum Unionsvertrag (2 BvR 2123/92) im Verfahren Manfred Brunners unter Punkt 8 folgendes ausgeführt: »Der Unionsvertrag begründet einen Staatenverbund zur Verwirklichung einer immer engeren Union der staatlich organisierten Völker Europas (Art. A EUV), keinen sich auf ein europäisches Staatsvolk stützenden Staat.« Die Auswertung des Grundgesetzes ergibt ebenfalls den Befund, daß die traditionelle Staatsidee nach wie vor maßgebend ist. Demzufolge seien hier in Stichworten folgende Forderungen erhoben:

- Die Staatsidee der Bundesrepublik Deutschland ist durch die Politik verbindlich zu definieren, zu veröffentlichen und im In- und Ausland nachdrücklich zu vertreten. Besonderes Merkmal muß der Abbau noch vorhandener Souveränitätsbeschränkungen (vgl. ›2+4-Vertrag‹) und die Sicherung von Leben und Zukunft des deutschen Volkes sein.

- Das Leitbild des deutschen Staates ist in allen Bildungsstätten umfassend zu vermitteln und zum Gegenstand von Prüfungen zu machen; die durch das Grundgesetz und das Bundesverfassungsgericht festgeschriebene Staatlichkeit ist ausführlich zu lehren; Ziel ist dabei, den Willen zu einer würdigen Identifikation mit Staat und Nation und ein maßvolles Nationalgefühl zu fördern; dazu gehört eine objektive Geschichtsbetrachtung.

- Der Staat hat sich regelmäßig bei öffentlichen Veranstaltungen und Feiern in würdiger Form zu präsentieren und gemeinschaftsfördernde Traditionen zu pflegen.

- Wesentliches Merkmal der Staatsidee ist das grundgesetzlich festgelegte sittliche und rechtliche Fundament, die Wahrung deutscher Interessen, die europäische Integration und das Friedensgebot.

- Das Recht auf Selbstbestimmung, das Plebiszit gerade auch in existentiellen Fragen sowie die Selbstbehauptung durch verantwortungsvollen Gebrauch aller verfügbaren Machtmittel im

Rahmen von Recht und Gesetz bestimmen die staatliche Ordnung und die Integration in die europäische Union maßgeblich.

- Die Sicherung der Gewaltenteilung und der richterlichen Unabhängigkeit bestimmen die innere Ordnung entscheidend; Verletzungen dieses Prinzips sind verzugslos zu heilen.

- Wesentlicher Bestandteil der Staatsidee der Bundesrepublik Deutschland sind ihre Aufgaben im Konzert der europäischen Völkergemeinschaft; dabei gebührt der engen Zusammenarbeit mit den Nachbarn aufgrund der geopolitischen Bedingungen Vorrang vor weltweitem Engagement.

- Die Gewährleistung von Innerer und Äußerer Sicherheit sind entscheidende Aufgaben des Staates. Sie dürfen nicht zugunsten des materiellen Wohlstandes der Allgemeinheit oder von Interessengruppen vernachlässigt werden; Verteidigungspolitik ist als Bündnispolitik zu betreiben; die Verfügung über ABC-Waffen ist zur erforderlichen Abschreckung anzustreben; Bundeswehr und Zivilschutz sind mit Nachdruck zu befähigen, die gestellten Aufgaben zu erfüllen; das Gewaltmonopol des Staates ist unter allen Umständen zu wahren.

- Das Prinzip der wehrhaften Demokratie verbietet Kompromisse und Verträge mit Gesetzesbrechern und sogenannten ›Autonomen‹; Recht und Gesetz sind notfalls mit Gewalt durchzusetzen.

Diesem Plädoyer für die Staatsidee muß der Hinweis angefügt werden, daß die Grundlage unseres Staates das unter dem Einfluß der Siegermächte entstandene Grundgesetz ist. Es mehren sich die Stimmen, die eine Anpassung an die modernen Verhältnisse fordern. Davor sei hier gewarnt, da der Einfluß linker Politiker zur Zeit zwangsläufig zu mehr Sozialismus führen würde. Es wird hier vielmehr empfohlen, das Bundesverfassungsgericht instand zu setzen, auf bestimmten Gebieten, wie zum Beispiel dem der grundgesetzlich garantierten Meinungsfreiheit, das Auseinanderdriften von Verfassungsnorm und Verfassungswirklichkeit zu überprüfen, um so die eingangs erwähnten totalitären Tendenzen im öffentlichen Leben aufzudecken.

Im übrigen wird sich eine verbindliche Staatsidee nur in einem gründlichen Diskussionsprozeß entwickeln lassen. Daß wir sie dringend brauchen, ist gerade angesichts der jüngsten innen- und außenpolitischen Herausforderungen durch ihr Fehlen deutlich geworden. Grundlegende Reformen, Veränderungen des Sozialsystems, Öffnung der Grenzen, Asyl- und Zuwanderungspolitik, Verteidigung mit weltweitem Engagement, Büündnispolitik, Europapolitik und anderes mehr sind nur mit einer klaren Vorstellung von dem Staatswesen, dem alle diese Anstrengungen gelten, zu bewältigen.

Zusammenfassung und Schluß

Die totalitäre Tendenz der Moderne erzeugt schon seit Jahren erheblichen Widerstand unter denjenigen, die nicht zur politischen Klasse, zum System, gehören und davon profitieren. Dieser Widerstand breitet sich aus. Eine unübersehbare Zahl von Vereinigungen und Gesellschaften sowie einzelner prominenter Kritiker wehrt sich gegen die Erscheinungen des totalitären Liberalismus und fordert nachdrücklich die grundgesetzlich garantierten Freiheitsrechte ein. Diesem Druck wird die politische Klasse auf Dauer nicht standhalten können, zumal die jüngsten weltpolitischen Entwicklungen einen vollständigen Paradigmenwechsel herbeiführen. Die Muster der Nachkriegszeit zerbrechen. Das weltanschauliche Koordinatensystem beginnt, sich von den ideologischen Vorgaben zugunsten der traditionellen, auf Erfahrung gegründeten und an der Wirklichkeit orientierten Betrachtungsweise zu verschieben. Dazu tragen die modernen Kommunikationsmittel wie Internet und Satellitentelephon wesentlich bei. Das Volk, das auf der Straße demonstriert, wird weltweit wahrgenommen.

Daß ausgerechnet ein sozialistischer Bundeskanzler die notwendige Lösung von der US-amerikanischen Bevormundung einleitet, verdient höchste Aufmerksamkeit. Es ist sicher keine Meisterleistung der Diplomatie, sich in einer besonders schwierigen wirtschaftlichen Lage und angesichts einer schwachen außenpolitischen Position mit der ›einzigen Weltmacht‹ öffentlich anzulegen. Dennoch zeigt sich, daß der überwiegende Teil der Deutschen das Versagen der Beteiligung an dem völkerrechtswidrigen Angriffskrieg der USA gegen den Irak prinzipiell billigt. Die Union gerät somit immer mehr in den Verdacht, deutsche Interessen nicht nachhaltig zu vertreten. Die jüngste Reise der Parteivorsitzenden in die USA und die damit verbundene demonstrative Unterstützung der amerikanischen Kriegspolitik erweckt quer durch alle Parteien und weltanschauliche Gruppen eher den Eindruck, die Union erweise sich nicht zuletzt aus parteipolitischem Kalkül als gehorsamer Vasall der USA.

Indem sich inzwischen Frankreich den deutschen Widerstand zu eigen gemacht hat und Rußland sowie China dem beigetreten sind, ergeben sich ganz neue Aspekte und Zwänge politischen Handelns. Die Nachkriegsordnung löst sich in rasender Eile auf, und die Mächtekonstellationen ordnen sich neu. Deutschland wird, ob es will oder nicht, seine Lieblingsbeschäftigungen, nämlich Vergangenheitsbewältigung, Antifaschismus sowie Kampf gegen Rechts, gegen Antisemitismus und Fremdenfeindlichkeit hintanstellen müssen und sich nicht länger hinter dem großen Bruder USA verstecken können.

Vielmehr steht die Rückkehr zu einer souveränen, selbstbestimmten und selbstbewußten Politik auf der Tagesordnung, deren Kern eine von nationalen Interessen geleitete Außenpolitik ist. Das beansprucht alle Kräfte und ein bestimmtes Maß an parteiübergreifender Übereinstimmung. Die Voraussetzung dafür ist, daß die Deutschen eine klare Vorstellung von sich selbst und ihrem Deutschtum haben und zugleich ihr Staatsverständnis definieren, von dem ja die zu betreibende Politik abhängt.

Personale Identität, die ihre Wurzeln in der Vergangenheit hat und aus den Quellen des kulturellen Erbes schöpft, ist die erste Vorbedingung für das Bestehen der gegenwärtigen und künftigen Herausforderungen. Die Staatsidee auf der Grundlage von Volk und Nation und der verfassungsmäßigen Staatlichkeit ist die zweite Vorbedingung für Deutschlands Überleben und Zukunft. Eine Republik der Reue wird von niemandem ernst genommen und kann nur noch als Objekt anderer Mächte ihrem Ende entgegengehen. Darum steht die Abkehr von der Canossa-Republik auf der Tagesordnung. Um es mit der Nationalhymne zu sagen: »Einigkeit und Recht und Freiheit für das deutsche Vaterland!«

Laudatio für den Huttenpreisträger Wigbert Grabert

Prof. Richard W. Eichler

Es gibt manche Berufe, in denen man glücklich werden kann. Entscheidend ist immer, ob Berufswunsch und die Begabung für ihn zusammentreffen. Ursprünglich gab es nur drei, die sich überdies reimen: Nährstand, Wehrstand, Lehrstand.

Alle drei waren naturgegeben, also gottgewollt, und wer in ihnen tüchtig war, dem stand sozusagen der Himmel offen in jeder Hinsicht: als Zufriedenheit und Erfüllung schon hier auf Erden, für manchen auch als erhoffte Belohnung im Jenseits.

Je vielfältiger das Leben wurde und die Tätigkeiten in ihm, desto problematischer wurde die Frage der Ethik. So wurde auch mit der wachsenden Zahl der Händler deren Moral hinterfragt. Ertrag und Gewinn, Zins und Wucher waren die Stichworte, mit denen man die ehrbaren Kaufleute gegen die gewissenlosen Pfeffersäcke abzugrenzen versuchte.

Inzwischen ist die Frage noch verzwickter geworden. Man kann es etwa an der Frage von Recht und Gewalt deutlich machen. Ich kann mich weder mit der Maxime »Auge um Auge, Zahn um Zahn« des Alten Testaments noch mit dem Gebot des Neuen Testaments anfreunden, noch die andere Wange hinzuhalten, wenn ich auf die eine schon geschlagen wurde. Selbst unsere zivile Ordnung gesteht uns das Notwehrrecht zu. Wie gegensätzlich sind die Meinungen des Papstes und der Frau Merkel zur Frage der Teilnahme an einem völkerrechtswidrigen Krieg! Saddam Hussein wie Bush nehmen Gott für sich in Anspruch, aber der würde, wäre er sich für irdische Händel nicht zu schade, wahrscheinlich beide zum Teufel oder Scheitan schicken.

Konfessionen tun sich in der Weltwirklichkeit schwer – aber es haben sich ja in den Kulturvölkern von Anbeginn ethische Grundsätze von Ehre, Ritterlichkeit und Anstand ausgebildet, die zuverlässigere Wegweiser sind. Friedrich von Schiller hat in den *Xenien* diesem Zweifel Ausdruck verliehen in Form eines Zwiege-

141

sprächs: »Welche Religion ich bekenne?« »Keine, die du mir nennst.« »Warum nicht?« »Aus Religion.«

Die Pariser Schule ging im zehnten Jahrhundert der Frage nach, was mit so fehlbaren Menschen, wie wir es alle sind, in der Ewigkeit geschehen solle, und die Kleriker erfanden das Fegefeuer als eine Zwischenstation vom Irdischen zum Himmlischen.

Zur Besonderheit des Verlegerberufs

Zweifellos zählt das Metier eines Verlegers zu den anspruchsvollsten im Bereich der Wirtschaft. Die Vorliebe für Bücher genügt ebenso wenig wie allein eine kaufmännische Begabung. Da müssen schon mehrere Talente zusammentreffen, um Erfolg zu haben. Die akademische Laufbahn verbürgt ihn auch nicht. Von den technischen Dingen sollte der Verleger etwas verstehen und von der mit ihnen zusammenhängenden Kalkulation ebenso.

Die Herkunft von der Philologie und Literaturgeschichte birgt die Gefahr der Weltfremdheit in sich, ein Diplom-Kaufmann weckt bei den Musensöhnen den Verdacht, einem amusischen Händler in die Hände zu fallen. Wie können sich die Widersprüche auflösen lassen? Eigentlich einfach: in einer Persönlichkeit.

Die ist unschätzbar im Umgang mit den auch nicht ganz leicht zu genießenden Autoren. Die sind sich ihres Standes entweder bewußt oder unsicher, anmaßend oder mimosenhaft empfindlich. Dieses Thema kann man am kürzesten anekdotenhaft behandeln.

Ich will Friedrich Hebbel zu Wort kommen lassen: »Es ist leichter, mit Jesus über die Wogen des Sees Genezareth zu wandeln, als mit einem Verleger durch ein Autorenleben.« Der beleidigte Verleger wird dagegenhalten: »Im Vergleich zum Verlegerrisiko ist Tototippen eine mündelsichere Anlage.« Kontra: »Ihr Verleger trinkt Sekt aus den Hirnschalen eurer Autoren. Es ist ein Aberglaube, daß wir Schriftsteller von Honoraren leben, wir vegetieren von Vorschüssen. . .« Dagegen: »Bestsellerlisten sind Friedhofstafeln derselben Titel von morgen.« Und so weiter. Solche Beziehungskisten sind so kompliziert wie Liebeshändel.

Verzeihen Sie mir den Ausflug ins Allgemeine. Wir haben heute hier den Vorzug, etwas Konkretes, Persönliches und Erfreuliches zu erleben:

142

Dem Verleger Wigbert Grabert wird die Ulrich-von-Hutten-Medaille der ›Gesellschaft für freie Publizistik‹ verliehen.

Erlauben Sie mir auch hier ein paar Worte zu öffentlichen Ehrungen im allgemeinen. Wir hier Versammelten sind im Grunde mit Theodor Fontane einig, der als Preuße dem Grundsatz huldigte: »Es kann die Ehre dieser Welt / Dir keine Ehre geben. / Was dich in Wahrheit hebt und hält, / Muß in dir selber leben.« Wer sich seines Wertes bewußt ist, bedarf der Hervorhebung nicht, er ist gegen Anmaßung so gefeit wie gegen Unterwürfigkeit. Aber auch folgendes ist richtig: »Nur die Lumpen sind bescheiden, Brave freuen sich der Tat.« Das meinte Goethe. Und Bismarck hielt nichts vom Automatismus der Ordensverleihungen an Beamte. »Wer seine Pflicht tut, ist ein getreuer Knecht, hat aber keinen Anspruch auf Dank.« So halten es auch die Hanseaten. Wenn der Dekorierte nicht ein Lebensretter ist, fragt sich mancher, ob der wohl den Schmuck verdient, erdient, erdienert oder als Diplomat erdiniert hat.

Die Richtlinien des Maria-Theresia-Ordens verlangten die außergewöhnliche Leistung. Er wurde verliehen nur »für aus eigener Initiative unternommene erfolgreiche Waffenthaten, die ein Offizier von Ehre hätte ohne Tadel auch unterlassen können«.

Selbstbewußtsein ohne Arroganz, Stolz ohne Überheblichkeit, das ziert den Soldaten wie den Bürger. Als man für Bismarck einen Platz ›ganz vorn‹ räumen wollte, blieb er gelassen: »Lassen Sie nur, wo ich sitze, ist vorn.«

Wenn öffentliche Einrichtungen in Deutschland heute Orden an Leute vergeben, die es mit unserem Vaterland keineswegs gut meinen, dann ist das eine der zeitgemäßen Unarten. Friedrich von Logau machte sich da schon vor drei Jahrhunderten keine Illusionen: »Ein versöhnter Feind, / Ein erkaufter Freund / Sind zu einer Brücke / Ungeschickte Stücke.«

Eine Auszeichnung ehrt nicht nur den Träger, ein würdiger Mann hebt auch den Wert der Auszeichnung. So macht es auch nur Freude, wenn man sich durch die Auszeichnung mit ehrenhaften Menschen in eine Reihe gestellt sieht. Darum stimmt heute diese Begegnung zwischen den Stiftern der Medaille, deren Namensträger und dem Empfänger.

Zum Lebensweg des Verlegers

Wigbert Grabert ist am 18. Februar 1941 in Tübingen geboren als Sohn des Universitätsdozenten und Verlegers Dr. habil. Herbert Grabert, der nach 1945 nicht in den Staatsdienst übernommen wurde und Lehrverbot erhielt. Der Vortragende schätzt sich glücklich, Vater Grabert noch persönlich begegnet zu sein, auch mehrfach auf der Frankfurter Buchmesse. Ich habe eine verehrende Erinnerung an den charaktervollen Mann.

Wigbert Grabert hat seinen Wehrdienst bis zum Reserveoffizier geleistet und anschließend an der Universität Tübingen Betriebs- und Volkswirtschaft studiert und mit dem Diplom abgeschlossen. 1964 trat er in das Verlagshaus des Vaters ein, das seit 1953 besteht, und übernahm 1972 dessen Leitung. Dr. Herbert Grabert verstarb im Jahre 1978. Nun arbeitet bereits dessen Enkel im Verlag. Was vor nicht zu langer Zeit noch die Regel war, daß ein Unternehmen in der Familie blieb, ist heute eine rühmliche Ausnahme.

Aus der von Herbert Grabert gegründeten *Deutschen Hochschullehrer-Zeitung* ging die Vierteljahreszeitschrift *Deutschland in Geschichte und Gegenwart* hervor; sie erscheint bereits im 51. Jahrgang. Der Kontaktpflege mit den Freunden des Verlags dienen heute *Der Buchberater* und der *Euro-Kurier* mit jeweils hohen Auflagen.

Auf einem bedeutungsschweren Wissensgebiet hat Wigbert Graberts verlegerisches Wirken besonders reiche Früchte getragen; gemeint sind die Bücher und Zeitschriftenbeiträge zur germanisch-deutschen und der weltweiten Vor- und Frühgeschichte, ich nenne hier nur die Bücher von Jürgen Spanuth, die das Bild der Epochen und Räume zutiefst verändert haben.

Um die Verlagsproduktion besser gliedern zu können, gründete Wigbert Grabert im Jahre 1985 den Hohenrain-Verlag. Das große Programm beider Verlage darzustellen, reicht die Zeit nicht aus. Daher hier nur eine Charakterisierung in Stichworten. Die Kriegspropaganda der Alliierten setzte sich nach 1945 in der einäugigen Darstellung der jüngsten deutschen Geschichte fort. Um die nach Kriegsende zumindest rhetorisch vertretenen moralischen Grundsätze der Wahrhaftigkeit, Freiheit und Gerechtigkeit in der Tat zu erfüllen, waren und sind noch immer Berichtigungen an

144

den in den Massenmedien veröffentlichten Einseitigkeiten von-
nöten.

Der Begriff ›Revisionismus‹ wird bis heute mit dem Unterton eines Schimpfwortes gebraucht. Dabei ist historische Forschung eine
stetige Revision überkommener Irrtümer, Fehldeutungen und Fäl-
schungen. Es gibt nur noch wenige neu zu entdeckende Geschichts-
quellen, aber es gibt unter Verschluß gehaltene Akten, Falschaussa-
gen von Zeitzeugen und insbesondere eine tiefe Kluft zwischen
wissenschaftlicher Erkenntnis einerseits und den im Fernsehen und
den Massenblättern verbreiteten Darstellungen andererseits.

Ein freiheitliches Regierungssystem müßte nach dem Gebot des
Artikel 5 des Grundgesetzes die Durchsetzung eines objektiven
Geschichtsbildes begrüßen und fördern. Dort heißt es: »Jeder hat
das Recht, seine Meinung in Wort, Schrift und Bild frei zu äußern
und zu verbreiten und sich aus allgemein zugänglichen Quellen
zu unterrichten. Die Pressefreiheit und die Freiheit der Berichter-
stattung durch Rundfunk und Film werden gewährleistet. Eine
Zensur findet nicht statt.«

Es gibt nämlich keine ›bösen‹ Bücher, gelegentlich allerdings
dumme; und die brauchen nicht bekämpft zu werden, denn die
entlarven sich selbst als überflüssig. Da war der Alte Fritz souve-
rän wie in allem. Als man ihn auf eine Schmähschrift an der Haus-
wand hinwies, sagte er nur knapp: »Niedriger hängen!« – Es sollten die Kurzsichtigen und Dummen daran ihr Mütchen kühlen
können.

Das Grundrecht ungehinderter und uneingeschränkter Information des mündigen Bürgers nimmt Wigbert Grabert ernst und
darum mit Recht für seine Verlage in Anspruch. Er erfüllt damit
eine allgemein ethische und dem Beruf des Verlegers besonders
auferlegte Pflicht.

Zwar werden seit Napoleon keine Verlagsbuchhändler mehr
erschossen, wie es dem mutigen Johann Philipp Palm am 26. August 1806 in Braunau am Inn erging, nachdem er die Flugschrift
Deutschland in seiner tiefsten Erniedrigung gegen den Usurpator
verlegt hatte. Das Leben und Wirken wird den mißliebigen Mah-
nern unter den Publizisten auch hier und heute schwer gemacht,
durch Buchverbote, Indizierungen und Verurteilungen zu hohen
Geldstrafen.

Bezeichnenderweise waren es ausländische Historiker, die als erste für Fairneß gegenüber dem Deutschen Reich eintraten und nur bei Grabert Gehör fanden. Wir erinnern uns an *Der erzwungene Krieg* des Amerikaners David L. Hoggan von 1961 und an das Buch *Amerikas Kriegspolitik* von Curtis B. Dall von 1972. In der Atmosphäre des Jahres 2003 gewinnen die Ereignisse von damals neue Bedeutungsfacetten.

Das vierbändige Werk *Handbuch zur Deutschen Nation*, herausgegeben von Bernard Wilms und Hellmut Diwald, ist ein Höhepunkt der Verlagstätigkeit; die bewegten Jahre nach der unblutigen Revolution von 1989 begleitet eine Reihe von Buchveröffentlichungen kenntnisreicher Verfasser, in denen verschwiegene Aspekte des erkennbaren Niedergangs im Deutschland von heute erörtert werden.

Ich selbst weiß es zu würdigen, daß meine Bücher bei Grabert in der Reihe ›Kulturkreis 2000‹ gut untergekommen sind, sie wurden edel ausgestattet, und ich mußte keine Kompromisse schließen – das ist in unseren Tagen viel, wie jeder Autor bestätigen wird. In Dr. Rolf Kosiek und Claude Michel hatte ich im Verlag verständige Betreuer, denen ich hier ebenfalls danken will.

Nicht nur Ästhetik und Kunstgeschichte finden Berücksichtigung im Verlagsprogramm, sondern auch aufwendige Monographien für Künstler unserer Zeit wie Petersen und Hipp, ebenso die großen Bildbände zur Malerei, Plastik und Architektur aus der Zeit von 1933 bis 1945 von Davidson.

An dieser Stelle will ich den Verleger Otto Spatz und den J. F. Lehmanns Verlag erwähnen. Denen habe ich viel zu verdanken, denn Otto Spatz hat mich nach dem Erfolg des unter Pseudonym eingereichten Manuskripts *Könner-Künstler-Scharlatane* zu weiteren Veröffentlichungen ermutigt und bis zu seinem Tod zu mir gehalten. Auch Ihrer Gesellschaft für Freie Publizistik hat Otto Spatz, wie Werner Hänsler auch, treu zur Seite gestanden.

Was ist aus der reichen Verlegerlandschaft, mit der das Deutsche Reich in der Welt an der Spitze stand, inzwischen geworden? Aus der viel beschworenen Vielfalt, die allein die Freiheit des Geistes verbürgt, ist die Macht der Buchfabrik geworden, wo das Außergewöhnliche kaum noch Chancen hat. Gerade eben hat Bertelsmann–Random House die Springer-Buchverlage geschluckt, wie einst auch Lehmanns wertvollste Titel. Grotesk ist, wie Bertelsmann unter Druck linke Historiker ansetzt, die in einer Dokumentation dem idealistischen Julius Friedrich Lehmann am Zeug zu flicken versuchen; eine schlampige Arbeit, in der ich einmal mit richtigem Namen Richard, dann mit Rudolf zitiert werde.

Dabei wird zur gleichen Zeit in der *FAZ* den Bertelsmännern vorgehalten, sie hätten mit ihrer Anpasserei vor 1945 viel Geld gemacht. Eine Schamgrenze kennt man heute nicht mehr.

Meine Freunde, zum Verleger Grabert paßt eine Ehrenmünze, die den Namen Hutten trägt, denn der bekennt: »Das ist Treulosigkeit, wenn sich einer nach dem Wechsel des Glückes richtet... Mich hat die Gerechtigkeit meiner Sache getrieben, auch gegen ein widriges Geschick anzukämpfen.«

Wenn doch unsere Politiker, die sich mehr um ihre Haarfarbe als um ihren Geist bekümmern, einmal Huttens Brief von 1518 an die Reichsfürsten lesen würden! Darin steht: »Nie seid ihr mit mehr Recht ermahnt worden, euch darauf zu besinnen, daß ihr Deutsche seid. Schon stehen wir im Ausland nicht mehr in gutem Rufe, durch eure Schuld, denn ihr sitzet da und erschlafft ruhmlos im Müßiggang und macht keinen Gebrauch von unseren Kräften.«

Goethe war erfreut, als er beim französischen Historiker Guizot las, daß die Germanen der Welt die Idee der persönlichen Freiheit gebracht hätten, und sagte zu Eckermann: »Ist das nicht sehr artig von ihm, und hat er nicht vollkommen recht...?«

Darum sind wir Deutschen überzeugte Anhänger wahrer Demokratie, wie es die Eidgenossen oder die Stedinger Bauern einst waren. Friedrich der Große hatte Respekt vor auf redliche Weise Gewählten. Als Graf Poniatowski 1764 die polnische Krone erhielt, beglückwünschte ihn Friedrich und bemerkte: »Ein König durch Geburt, der seines Standes unwürdig handelt, ist bloß eine Satire auf sich selbst; ein gewählter König aber, der seiner Würde nicht gemäß handelt, der beschimpft auch seine Untertanen.«

Es genügt nicht, ein Mandat erhalten zu haben. Vor jeder Entscheidung muß sich der Beauftragte fragen: Ist sie recht? Wenn ihm Parteidisziplin und Fraktionszwang anderes vorschreiben wollen, muß er Zivilcourage beweisen. Eine seiner Aufgaben ist der Schutz des Bürgers und seines verantwortungsvollen Wirkens vor Verleumdung.

Die Freiheit in unserem Land wird nicht von Patrioten, sondern von ideologischen Dogmatikern bedroht. Der Pseudophilosoph Jürgen Habermas bietet – unter manchen anderen – dafür ein dreistes Beispiel. Der sich als Aufklärer Gebärdende möchte dem freien Streben nach Erkenntnis einen Riegel vorschieben und ihm ein neues Dogma entgegensetzen. Er fordert »Diskursregeln, denen im wahrheitsanalogen Sinne ›unbedingte Geltung‹ zukomme, weil sie, wie ehedem die Religion – . . . verbindlich seien.« Das brachte den Philosophen Christian Geyer auf die Palme und er frug in der *Frankfurter Allgemeinen Zeitung* vom 1. Juli 1998: »Sollte Habermas vor der diskursiven Verflüssigung des Normativen so bange geworden sein, daß er den Diskurs selbst in den Rang einer ewigen Wahrheit erhebt?« Aus jener Ecke ist keine Aufrichtigkeit und damit keine Rettung zu erhoffen.

Wir halten uns weiterhin an Ulrich von Hutten: »Ich lasse nicht ab, zum Freiheitskampf aufzurufen, werfe meinen Landsleuten unablässig ihre unmännliche Geduld vor, auch auf die Gefahr hin, mich bei ihnen verhaßt zu machen.«

Lieber Wigbert Grabert, ertragen Sie auch fernerhin die Widersacher um der gerechten Sache willen. Sogar der milde Goethe konnte angesichts von Zumutungen trotzig werden: »Hätte Gott mich als Wurm gewollt, dann hätte er mich als Wurm erschaffen!«

Mit Ulrich von Hutten als Schutzpatron zur Seite mögen Ihnen persönlich und Ihrer Familie Gesundheit und Wohlergehen beschieden sein, Ihrem Verlagsschiff allzeit eine Handbreit Wasser unterm Kiel und ein glückhafter Wind beim Befahren stürmischer Gewässer!

Dankesworte des Preisträgers

Wigbert Grabert

Lieber Herr Professor Eichler, ich danke Ihnen für diese Worte der Anerkennung. Sie sind seit Jahrzehnten Kenner unseres Hauses, Autor zahlreicher Bücher und Freund unserer Familie. So kann ich den Inhalt Ihrer Rede gut annehmen!

Meine sehr verehrten Damen und Herren, ich bin sehr überrascht, daß mir heute diese Ehre der Preisverleihung zuteil wird, habe ich in meinem bisherigen beruflichen Leben doch nur meine Pflicht getan und habe versucht, die von meinem Vater begonnene Arbeit fortzusetzen. Eine Anerkennung dieser Art habe ich nicht erwartet.

Als im Kriegsjahr 1941 Geborener habe ich zwar nicht mehr unmittelbar an den Geschehnissen dieser Schicksalsjahre Anteil gehabt, dafür aber um so mehr an den Jahren nach 1945. Als mein Vater am 9. Mai 1945 von französischen Soldaten gefangengenommen, als meine Mutter und wir Kinder bedroht und unser Haus durchsucht und beschlagnahmt wurden, habe ich das als Vierjähriger durchaus *nicht* als ›Befreiung‹ empfunden. Für mein weitere Leben jedoch waren diese Ereignisse prägend, ja das Fundament für die Entwicklung meines politischen und beruflichen Denkens und Tuns.

Was ich schon als Kind und Jugendlicher nicht ertragen konnte, Ungerechtigkeit und Willkür, hat sich in meinem späteren Berufsweg gefestigt und wurde zum Leitmotiv meines Handelns.

Auf der anderen Seite, bedingt durch Erbe und Erziehung, begann ich schon sehr früh, eine innere Verbundenheit zu meiner Familie, meinem Volk und meinem Vaterland zu entwickeln, interessierte mich für Geschichte und später auch für die Gedankenkraft der Philosophie.

Konfliktlösungen waren für mich eine innere Herausforderung, nach der bestmöglichen Lösung zu suchen und andere dann von dieser zu überzeugen. So nimmt es kein Wunder, wenn ich nach begonnener Offizierslaufbahn den Verlegerberuf als mein ideales Betätigungsfeld auswählte. Dabei waren mir Freiheit und Unabhängigkeit stets oberstes Ziel, denn nur der freie Mensch kann auch frei über seine Geschicke entscheiden.

In den nunmehr 35 Verlegerjahren sah ich mich stets als Mittler zwischen dem breitgefächerten Wissen meiner Autoren und meinen Lesern, immer der Verantwortung Rechnung tragend, etwas für die Gemeinschaft, für das eigene Volk zu tun und trotzdem die notwendige wirtschaftliche Seite meines Handelns nicht aus den Augen zu verlieren, denn wirtschaftliche Solidität ist die Voraussetzung freien Handelns.

Nach der totalen Niederwerfung Deutschlands begann nach 1945 ein beispielloser Umerziehungsfeldzug gegen unser Volk – ein wahrlich reiches Betätigungsfeld für freie Publizistik. Es waren zunächst nur wenige beherzte Deutsche, die im ›Dienste der Wahrheit‹ – wie unser Verlags-Wahlspruch lautet –, ohne die Folgen ihres Handelns zu fürchten, begannen, die von den Siegern einseitig aufgestellte Alleinschuld der Deutschen am Zweiten Weltkrieg zu bekämpften.

Ich nenne hier nur einige Namen der Verleger wie Kurt Vohwinckel, Helmut Sündermann, Herbert Grabert, Holle Grimm, Waldemar Schütz und Udo Walendy und Autoren wie Heinrich Härtle, Erich Kern, Adolf von Thadden, Dirk Kuhnert u.a., die sich hier besonders verdienstvoll betätigten und als wahre Revisionisten hervortaten.

In den sechziger Jahren kam dann Unterstützung aus dem Ausland. So nahm sich die Revisionisten-Schule um Harry Elmar Barnes der deutschen Kriegsschuldfrage an:

Der junge Historiker David L. Hoggan, Fachmann für europäische Diplomatie-Geschichte, legte sein bahnbrechendes Werk, *The enforced War – Der erzwungene Krieg* vor. Es erschien im Herbst des Jahres 1961 zuerst in Deutschland und sollte bis heute in 15 Auflagen und über hunderttausend verkauften Exemplaren das Flaggschiff unseres Verlages werden.

Hoggan erhielt übrigens 1964 für seine Verdienste für die deutsche Sache von der ›Gesellschaft für freie Publizistik‹ den ersten Huttenpreis verliehen. Schon damals waren die Veranstaltungsräume in Heidelberg kurzfristig gekündigt worden, worauf die Preisverleihung kurzerhand auf einen Neckardampfer verlegt wurde. Über Hoggan erschien daraufhin eine Titelgeschichte im

Magazin *Der Spiegel*. Die Hofhistoriker-Innung um Rothfels und Hofer jaulte auf. Das ›Institut für Zeitgeschichte‹ wurde bemüht, Hoggan zu widerlegen, was aber trotz aller Bemühungen niemals gelang. Im Jahre 1965 konnten so drei Auflagen verkauft werden.

Aus diesen Tagen stammt der vielzitierte Ausspruch von Theodor Eschenburg: »Die Erkenntnis von der unbestrittenen und alleinigen Schuld Hitlers ist vielmehr eine Grundlage der Politik der Bundesrepublik.« Ein klares Wort, das in den Folgejahren dem wissenschaftlichen Revisionismus in unserem Hause ein breites Betätigungsfeld bot.

Stand anfänglich nur die Kriegsschuldfrage im Vordergrund, galt es in den siebziger Jahren auch das heiße Eisen der ›Endlösung‹ anzufassen und wissenschaftlich aufzuarbeiten. Wie sich zeigen sollte, ein schweres verlegerisches Unterfangen. Im Jahre 1978 erschien nach dem Buch des Amerikaners Athur Butz, *The Hoax of the twenty Thentury – Der Jahrhundertbetrug*, von Wilhelm Stäglich *Der Auschwitz-Mythos*.

Dieses von Sachlichkeit getragene Werk sollte als Reaktion auf die damals laufende Hollywoodserie »Holocaust« verstanden werden, die, von jeglicher Faktenlage abgehoben, den sogenannten ›emotionalen Einstieg‹ in diese schwierige Materie einläuten sollte: Es ging fortan nicht mehr darum, sich an der historischen Wahrheit und an den Dokumenten zu orientieren, als vielmehr darum, was *geglaubt* und was *gesagt* werden durfte. Stäglichs Buch wurde eingezogen und verboten. Alle Bemühungen, es juristisch freizubekommen, schlugen bis zum Bundesgerichtshof hinauf fehl. Dieser Fall wurde in der Schrift *Geschichtsbetrachtung als Wagnis* veröffentlicht und blieb bis zum Vergriffensein frei verkäuflich.

Auch der Versuch, dieses Thema auf höchster wissenschaftlichen Ebene abzuhandeln und zu veröffentlichen, schlug fehl: 1994 erschien das von Germar Rudolf herausgegebene Sammelwerk *Grundlagen zur Zeitgeschichte.- Ein Handbuch über kritische Fragen des 20. Jahrhunderts.* Es wurde nach anfänglich großem Verkaufserfolg und nach der Verschärfung des § 130 Abs. 3 am 27. 3. 1995 beschlagnahmt und in dem folgenden Prozeß gegen mich bundesweit verboten, eine Bestrafung von 150 Tagessätzen zu DM 150.-, sprich DM 30 000.-, nach sich ziehend. »Wer sich in Gefahr begibt, kommt darin um«, waren die belehrenden letzten Worte des Richters, verbunden mit einer klaren Warnung, dieses Thema fortan nicht mehr zu behandeln.

Meine Damen und Herren, ich möchte Sie hier nicht mit der Folge zahlreicher Verfahren ähnlicher Art belasten oder langweilen, es waren an der Zahl insgesamt fünf, nicht gerechnet die sieben Beschlagnahmeaktionen gegen andere Bücher unseres Hauses. Ein nicht nur materieller Schaden größten Ausmaßes entstand, denn die nun verstärkt einsetzende Diffamierung und Ausgrenzung rechter Verlagshäuser nahm noch bizarrere Formen an.

Als reguläres Mitglied des Börsenvereins des Deutschen Buchhandels konnte ich regelmäßig an Messen und Buchausstellungen im In- und Ausland, stets mit recht gutem Erfolg, teilnehmen. Nun aber, nachdem einige Innenminister der Länder und des Bundes es für nötig hielten, meinen Namen in den jährlich erscheinenden *Verfassungsschutz-Bericht* aufzunehmen, begann ein wahres Kesseltreiben.

In Baden-Württemberg drohte der Wirtschaftsminister dem Verband der Verlage mit dem Entzug der Messehalle, wenn zugelassen würde, daß Verlage, die im Verfassungsschutzbericht erwähnt werden, ausstellen dürfen. Grabert und Hohenrain wurden daraufhin von den Ausstellungen ausgeschlossen und ein Verbandsausschlußverfahren gegen mich eingeleitet. Daß dieses nicht zum Zuge kam, ist nur dem vernünftigen Abstimmungsverhalten der anwesenden Buchhändler und Verleger zu verdanken.

Aber auch die großen überregionalen Zeitungen, wie *FAZ, Welt* und *Süddeutsche Zeitung,* lehnten es fortan ab, Anzeigen von uns zu veröffentlichen. In Tübingen, vor unserer Haustür, demonstrierte im letzten Jahr eine vermummte und schmutzige Schar: Antifa, VVN, Lesben- und Schwulen-Vereinigung usw. forderten vor unserer Bank und dem Rathaus Kontenkündigung und Ächtung – wie im Mittelalter. Abends wurde eigens eine Referentin der FU Berlin beigeholt, um das Publikum von der faschistischen Gefahr, die von uns ausginge, zu warnen und dazu aufzurufen, sich aktiv daran zu beteiligen, unseren Ruf zu schädigen, unsere Existenzgrundlage zu zerstören und uns aus der Stadt zu verbannen.

Hätte ich da nicht den großen Kreis meiner normal denkenden Kunden, Leser, Nachbarn und Mitbewohner unserer Stadt gehabt, hätte ich mein Weltbild wohl neu überdenken und mich fragen müssen, für welches Volk ich eigentlich Aufklärungsarbeit betreibe. So aber sah ich es gerade zu als Herausforderung an, die Arbeit unbeirrt fortzusetzen.

Um aber aus dieser hinderlichen Einengung herauszukommen, gründete ich 1981 einen neuen Verlag, der mehr nach politischen, geschichtsphilosophischen und neuzeitlichen Themen ausgerichtet sein sollte. Der Name ›Hohenrain‹ sollte den ›Hohen Weg‹ symbolisieren, den wir mit diesen Veröffentlichungen beschreiten wollten.

Durch meine Freundschaft mit dem führenden Kopf der französischen ›Neuen Rechten‹ in Frankreich, Alain de Benoist, gelang es mir, deren weiterführendes Gedankengut nach Deutschland zu holen. Zahlreiche Übersetzungen aus dem Französischen waren die Folge. Mit dem vierbändigen *Handbuch zur Deutschen Nation*, zu dessen Herausgabe ich den Bochumer Politologen Bernard Willms und nach dessen Tod den bekannten Erlanger Historiker Hellmut Diwald gewinnen konnte, gelang ein hoffnungsvoller Durchbruch: Die Schweigefront wurde wirkungsvoll durchbrochen, eine Öffnung zur Mitte war die Folge. So widmete dieser Entwicklung die Wochenzeitung *Die Zeit* eine ganze Seite, wohlgemerkt mit erhobenem Zeigefinger und der Warnung, was sich hier auf der intellektuellen Rechten zusammenbraut.

Im Laufe der Jahre ist mir jedoch immer deutlicher geworden, daß neben den inneren Feinden im eigenen Land ein übermächtiger Feind im Äußeren steht, dem es um nichts anderes geht, als die Völker dieser Erde in einen globalen Käfig zu sperren, um sie fortan zu beherrschen und wirtschaftlich auszubeuten.

Diesen Bestrebungen galt es, fortan entgegenzuwirken, um vermeidbaren Schaden von unserem Volk abzuwehren, galt es, alles daran zu setzen, die wahren Hintergründe dieser schleichenden Welteroberung auszuleuchten und zu bekämpfen. So änderte sich der Schwerpunkt der Veröffentlichungen mehr und mehr zu geopolitischen Themen, wobei die US-amerikanische Ostküste besondere Beachtung finden sollte. Sie dürfen zu diesem Thema in nächster Zukunft noch einige aufklärende und enthüllende, ja sensationelle Neuerscheinungen aus unserem Hause erwarten, wobei ich mit Ihrer aller Unterstützung an der Leserfront rechne.

Nicht unerwähnt bleiben soll, daß unsere Zeitschrift *Deutsch-*

land in Geschichte und Gegenwart nunmehr in neuem Gewand im 51. Jahrgang erscheint. Ich habe mir erlaubt, jedem von Ihnen, soweit sie nicht schon Bezieher sind, ein Probeheft der soeben erschienen letzten Nummer mitzubringen und zur Mitnahme auslegen zu lassen. Ich würde mich freuen, Sie bald in unserer Abonnentengemeinschaft begrüßen zu dürfen.

Am Schluß meiner Rede möchte ich aber nicht versäumen, mich bei meinen treuen Mitarbeitern, Herrn Dr. Rolf Kosiek und Claude Michel, zu bedanken, ohne deren tatkräftige Mitwirkung und Arbeit der Erfolg unseres Hauses nicht denkbar wäre. Aber auch meiner lieben Frau und Weggefährtin gebührt mein besonderer Dank: Trug Sie doch mit mir gemeinsam die vier Jahrzehnte in Freud wie im Leid , in Familie wie im Beruf – immer treu an meiner Seite – das Päckchen Schicksal und half mit Rat und Tat.

Und auch die weitere Generationenfolge ist bereits geklärt, indem mein Sohn Bernhard seit Jahren an der Seite seines Vaters aktiv mitarbeitet und eines Tages diese Arbeit auch fortführen wird.

So hat er nach meinem schweren Unfall vor zwei Jahren fast ein Jahr die Geschicke des Verlages fortgeführt, ohne daß nach außen hin ein Unterbruch sichtbar geworden wäre. Frei nach Ulrich von Hutten möchte ich Ihnen zurufen: »Ich hab's gewagt!«

Und meine Damen und Herren, ich versichere Ihnen: Wir werden es auch weiterhin wagen!

Es lebe Deutschland – unser geliebtes Vaterland!

Ich danke Ihnen.

Schlußwort

Dr. Rolf Kosiek

Wir kommen zum Ende unseres diesjährigen Kongresses. Inhalts-
reiche Tage mit hervorragenden Vorträgen und erlebnisreichen
Stunden liegen hinter uns. Dafür möchte ich allen Referenten und
auch Ihnen als Teilnehmern noch einmal herzlichen Dank sagen.
Ich hoffe, daß die Ausführungen und Anregungen bei Ihnen allen
auf fruchtbaren Boden gefallen sind und daß sie weitergetragen
werden, um noch größere Wirkung zu entfalten.

Sie können ein Leuchtfeuer in dunkler Zeit sein. In einer Zeit
der bewußt gesteuerten Desinformation und Falschinformation,
zu der sogar amtlich geförderte Irreführung gehört, ist es besonders wichtig, Verläßliches und Vertrauenswürdiges mitgeteilt zu
bekommen. Wohl noch niemals in der Geschichte wurden die
Menschen so sehr manipuliert wie heute, wurde ihnen so erfolgreich ein falsches Bild der Wirklichkeit mit schönen Worten vor-
gemacht, wurden sie von den wirklichen Grundsatzfragen so systematisch abgelenkt und ferngehalten. Die Vorgänge um den 11.
September 2001 bieten ein eindrucksvolles Beispiel. Geschickt begründete Tabus umstellen mehr denn je den Horizont des Nor-
malbürgers und verhindern den für politisches Handeln notwendigen Durchblick. Vorgegaukelte schöne neue Welten sollen die
Menschen von den wirklichen und wirkenden Verhältnissen ab-
trennen, sollen neue Bedürfnisse schaffen und die eigentlichen
Grundlagen des Lebens vergessen lassen. Die leider so erfolgreiche Methode der berüchtigten Frankfurter Schule, durch Verdre-
hung der Begriffe und Veränderung der Sprache Herrschaft auszuüben und das Denken zu bestimmen, ist immer mehr verfeinert
worden und führt zu Denkblockaden, die wesentliche Bereiche
des Lebens – insbesondere für die nachwachsende Generation –
einfach unzugänglich machen.

Dagegen hilft einmal Aufklärung, gegenseitiges Informieren
über diese moderne Art der geistigen Rebarbarisierung, über diese Methoden einer neuen Gegenaufklärung, die aus machtpoliti-
schen Gründen den manipulierbaren, den möglichst unmündigen

Menschen schaffen will. Unter dem Vorwand der Aufklärung wird genau das Gegenteil betrieben, werden Tabus aufgebaut und Denkbarrieren errichtet, wofür Jürgen Habermas und sein Vorgehen im Historikerstreit ein bezeichnendes Beispiel sind. Diese Tabus aufzuzeigen und verdrängtes Wissen zur eigenen Selbstfindung wie zur besseren Argumentation in der politischen Diskussion zu vermitteln ist daher eine unserer Aufgaben.

Doch manchmal reichen die besten Argumente nicht aus, um zu überzeugen, da manche Zeitgenossen eher dem Zeitgeist vertrauen und lieber wie bisher glauben als wissen wollen wie im finsteren Mittelalter. Dann geht es um Haltungen und Werte. In gesunden Gemeinschaften – ich erinnere an Preußen und seine bekannten Tugenden – werden diese von Elternhaus, Schule und Umgebung vermittelt und nicht wie bei uns derzeit völlig zerredet, so daß die Jugend vollkommen orientierungslos ist und keine gemeinschaftsfördernden Haltungen kennenlernt. Vorbilder können hier vorteilhaft wirken; sie können, wenn sie erfahren werden, prägend sein und Haltungen begründen, bestätigen und verstärken. Unsere Referenten sind solche Persönlichkeiten, und ich hoffe, daß Sie alle auch in dieser Hinsicht beeindruckt wurden und etwas von dem so Vermittelten mitnehmen können.

Die Zukunft ist ungewiß und dunkel, nicht nur wegen der prinzipiellen Ungewißheit, sondern weil seit einiger Zeit dunkle Wolken am internationalen Horizont wie für die Zukunft unseres Volkes drohen. Wir wollen die Herausforderung annehmen, auch in der wohl berechtigten Hoffnung auf die noch so vielen guten Kräfte in unserem Volk, die auch in früheren Notzeiten das Schicksal wendeten. Diesen Glauben an Volk und Vaterland wollen wir uns nicht nehmen lassen und Optimisten bleiben. Dem *Germaniam esse delendam*, dem Deutschland muß zerstört werden, setzen wir das ewige Deutschland entgegen. Dafür schaffe jeder in seinen Kreisen und nach seinem Vermögen.

Zur Bekräftigung wollen wir nun abschließend gemeinsam das Lied der Deutschen singen.

Unsere Vortragenden

EICHLER, Richard W., Prof., geb. 1921 in Liebenau (Sudetenland), 1940 Matura an der Handelsakademie Reichenberg. 1941–45 Kriegsdienst (Leutnant und Kompaniechef). Ab 1950 Lektor und Werbeleiter im Verlagswesen. Ab 1975 im Kulturreferat der Sudetendeutschen Landsmannschaft tätig, 1979 Gründungsmitglied und Generalsekretär der Sudetendeutschen Akademie der Wissenschaften und Künste. Bücher u.a.: *Könner, Künstler, Scharlatane* (1960), *Künstler und Werke* (1962), *Der gesteuerte Kunstverfall* (1965), *Verhexte Muttersprache* (1974), *Die Wiederkehr des Schönen* (1984), *Unser Geisteserbe* (1995), *Baukultur gegen Formzerstörung* (1999). Herausgeber u. a. der Schriften der Sudetendeutschen Akademie der Wissenschaften und Künste. Zahlreiche Beiträge zu Sammelwerken und in Zeitschriften. Festschrift *Warum so bedrückt?* von Hellmut Diwald (Hg.) (1992).

FLÖTER, Heinz, Rechtsanwalt i. R., geb. 1938 in Berlin, Abitur, Studium der Rechte in Tübingen und Würzburg. Jurist in Wirtschaftsunternehmen. Leitende Mitarbeit in der hessischen Elternbewegung; zwölf Jahre Kreistagsabgeordneter (Hochtaunuskreis) und acht Jahre Stadtverordneter der CDU, seit 1997 parteilos.

GRABERT, Wigbert, geb. 1941 in Tübingen, Abitur, Reserveoffizier, Studium der Betriebs- und Volkswirtschaftslehre in Tübingen. Verleger und Versandbuchhändler, seit 1964 im väterlichen Verlag, 1972 Übernahme des Grabert-Verlags, 1985 Gründung der Hohenrain-Verlags GmbH und deren Geschäftsführer. Herausgeber u. a. der Buchreihen »Veröffentlichungen des Instituts für deutsche Nachkriegsgeschichte« (31 Bde.), »Veröffentlichungen aus Hochschule, Wissenschaft und Forschung« (22 Bde.), »*Beihefte zu Deutschland in Geschichte und Gegenwart*«(13 Hefte), »Forum« (16 Bde.) sowie der Vierteljahreszeitschrift *Deutschland in Geschichte und Gegenwart* (51. Jahrgang) und der Zweimonatszeitschrift *Euro-Kurier* (14. Jahrgang).

HOLLAND, Heilwig, geb. 1941 im Sudetenland, 1945 Flucht nach Baden-Württemberg, Ausbildung zur Hauswirtschaftslehrerin und Meisterin der ländlichen Hauswirtschaft. Verheiratung mit einem Landwirt, sechs Kinder, Mitarbeit bei der Bewirtschaftung eines Hofguts. Durch eigenes Erleben und Vorbild des Vaters früh stark an Politik interessiert. Über den Einsatz in der Deutschen Jugend des Ostens, Elternvertretung in der Schule (silberne Landesehrennadel), Tätigkeit in kirchlichen und parteipolitischen Gruppen schließlich Mitglied der Republikaner und hier zehn Jahre lang Kreisvorsitzende und Mitglied im Landesvorstand. Nach Austritt noch Kreisrätin für diese Partei. Seit 2002 Vorsitzende des Schutzbundes für das deutsche Volk (SDV).

MECHTERSHEIMER, Alfred, Dr. rer. pol., geb. 1939 in Neustadt / Weinstraße, kaufmännische Lehre, Abitur, Studium der Politischen Wissenschaften, Diplompolitologe (FU Berlin), Promotion (Uni München). Bundeswehr (Oberstleutnant a. D.), Mitglied in CDU und CSU bis 1981 (Ausschluß), 1987–90 Mitglied des Deutschen Bundestages parteilos in der Fraktion der Grünen, Mitglied u. a. der Nordatlantischen Versammlung und des Europarates. Friedensforscher und Leiter des Forschungsinstituts für Friedenspolitik e. V. in Starnberg, Sprecher des Friedenskomitees 2000, Gründer und Leiter der Deutschlandbewegung sowie der Deutschen Aufbau-Organisation (DAO).

NORDBRUCH, Claus, Dr. phil. et litt., geb. 1961, Abitur 1982, 1982–86 Bundeswehr (Leutnant), 1987–91 Studium der Geschichte, Germanistik, Kriminologie und Biologie an der Universität Pretoria (Südafrika), dort Promotion 1995, ab 1993 Privatdozent an der Universität Pretoria. 1998 Wissenschaftspreis der Stiftung Ostdeutscher Kulturrat. 16 Bücher u.a.: *Heinrich Böll* (1994), *Über die Pflicht* (1996), *Vom Zweifel zur Wehrhaftigkeit* (1997), *Ein Nationalstaat für Buren* (1998), *Volksbetrug am Kap* (1998), *Sind Gedanken noch frei?* (1998), *Der Verfassungsschutz* (1999), *Der deutsche Aderlaß* (2001), *Der Angriff* (2003). Mehr als 100 Beiträge in Zeitschriften und Sammelwerken.

PAULWITZ, Thomas, M. A., geb. 1973 im Altmühltal, Abitur 1992 in Eichstätt, Studium der Biologie an der Universität Erlangen-Nürnberg mit Vordiplom 1995, dann dort Studium der Geschichte und Politischen Wissenschaft mit Magister 2001, ab 2002 Promotionsstudium. Mitbegründer der Sprachzeitung *Deutsche Sprachwelt* 2000 und seitdem deren Schriftleiter; Mitbegründer des Volks-Wörterbuchs *Engleutsch? Nein danke!* (^{2}2000). Zahlreiche Veröffentlichungen in Zeitschriften und Zeitungen.

SUDHOLT, Gert, Dr. phil., geb. 1943 in München, nach Abitur journalistische Ausbildung in Süd- und Südwestafrika, Studium der Geschichte, Zeitungswissenschaft und Völkerkunde in München, 1973 Promotion dort. Unabhängiger Verleger und Publizist. 1973–83 und 1985–91 Vorsitzender der GFP. Bücher u.a.: *Spiegel der Zeiten* (1963), *Bismarcks große Tage* (^{3}1986), *Moskaus Griff nach Gesamtdeutschland* (1972), *Das Geheimnis der Roten Kapelle* (1978), *In Haft – Landsberg 1993* (^{2}1994), *Ungesühnt* (1998), *Hexenjagd 2000* (2001), *Wanted. Die Fahndungslisten der US-Amerikaner* (2002). Herausgeber der *Deutsche Annalen – Jahrbuch des Nationalgeschehens* seit 1973, der Zweimonatszeitschrift *Deutsche Geschichte* seit 1990 sowie des literarischen Nachlasses von Helmut Sündermann.

UHLE-WETTLER, Reinhard, Brigadegeneral a. D., geb. 1932 in Kiel, Abitur 1953, 1953–55 Handelsmarine, 1955–56 Bundesgrenzschutz, von 1965 bis zur Pensionierung bei der Bundeswehr tätig in Truppe, Stäben, Bundeswehrschulen und Ministerium vom Kompaniechef bis zum stellvertretenden Kommandeur der 1. Luftlandedivision. Er erarbeitete die Luftlandekonzeption des Heeres. Mitarbeiter militärischer Fachzeitschriften und der US-Militärenzyklopädie. Vorsitzender der Staats- und Wirtschaftspolitischen Gesellschaft zu Hamburg (SWG). Verfasser von *Die Überwindung der Canossa-Republik* (1996). Zahlreiche Artikel zu Gegenwartsfragen in politischen Zeitschriften. •

Die Irak-Debatte muß frei geführt werden dürfen!

Bayreuther Entschließung der
Gesellschaft für Freie Publizistik
vom 4. April 2003

Im publizistischen Vorfeld der Irak-Krise und erst recht seit Beginn der Kampfhandlungen im Irak ist auch in der deutschen Öffentlichkeit eine kontroverse Diskussion entbrannt.

Den USA, ihrer ›Koalition der Willigen‹ werden weltweit Kriegstreiberei, Bruch des Völkerrechts, Mißachtung der UN-Satzung und Verletzung der Menschenrechte vorgeworfen.

Die vorgeblichen Kriegsziele (Beseitigung von Massenvernichtungswaffen, Befreiung und Demokratisierung sowie Bekämpfung des Terrorismus) der Angreifer werden bezweifelt und rein machtpolitische und wirtschaftliche Absichten (Öl) unterstellt. Diese sich weltweit kritisch entwickelnde Meinungsbildung wird bei uns durch den Vorwurf behindert, das sei reiner Antiamerikanismus und Antisemitismus. Von deutscher Seite dürfe die ›westliche Führungsmacht‹, die uns Deutsche befreit und demokratisiert habe, bei ihrem Vorgehen nicht kritisiert werden.

Die Deutschen sind nach zwei Weltkriegen ein belehrtes Volk. Nach den Erfahrungen mit der Siegerjustiz sind wir berechtigt und verpflichtet, für den Frieden und die Freiheit einzutreten. An die gegenwärtige Kriegskoalition müssen dieselben Maßstäbe angelegt werden dürfen, die sie selbst als Siegermächte des Zweiten Weltkrieges und Gründungsmitglieder der UNO für die Besiegten von 1945 ausgegeben, durchgesetzt und im Gründungsprotokoll der UNO festgelegt haben.

Die Gesellschaft für Freie Publitzistik vertritt die Auffassung, daß die beginnende Debatte über gleiches Recht für alle Völker und zu allen Zeiten jetzt offen und freimütig geführt werden muß.